DELICIOSOS E DISFARÇADOS

Como tornar a alimentação do seu filho saudável sem que ele perceba

Jessica Seinfeld

Fotografias de **LISA HUBBARD** • Ilustrações de **STEVE VANCE**

Projeto gráfico de **HEADCASE DESIGN**

Tradução de **ELENICE BARBOSA DE ARAUJO**

Título original
Deceptively delicious

Este livro tem a intenção de ser informal e não deve ser considerado como substituto de um tratamento médico profissional ou nutricional. A autora e a editora expressam a não-responsabilidade em qualquer efeito adverso com a aplicação das informações contidas neste livro.

Projeto gráfico e capa: HeadCase Design

Editora de arte: Ana Dobón

Revisão: Wilson Ryoji Imoto

Impressão e Acabamento: Gráfica Bandeirantes

Dados Internacionais de Catalogação na Publicação (CIP)
(Câmara Brasileira do Livro, SP, Brasil)

Seinfeld, Jessica
Deliciosos e disfarçados: como tornar a alimentação do seu filho saudável sem que ele perceba / Jessica Seinfeld; fotografias de Lisa Hubbard; ilustrações de Steve Vance, Headcase Design; tradução de Elenice Barbosa de Araujo. — São Paulo : Ediouro, 2008.

Título original: Deceptively delicious.
ISBN 978-85-00-02324-8

1. Culinária I. Hubbard, Lisa.
II. Vance, Steve. III. Headcase Design. IV. Título.

08-03437 CDD-641.597

Índice para catálogo sistemático:

1. Receitas : Culinária 641.597

Ediouro

Rua Nova Jerusalém, 345 — Bonsucesso
Rio de Janeiro, RJ — CEP 21042-235
Tel.: (21) 3882-8200 Fax.: (21) 3882-8212/8313
www.ediouro.com.br

Para Jerry, Sascha, Julian
e Shepherd – obrigada por me encherem
de amor todos os dias.

—J.S.

CONTEÚDO

CONSIDERAÇÕES INICIAIS

por Dra. Roxana Mehran e Dr. Mehmet Oz

São 7 da manhã e vou acabar me atrasando para a minha primeira consulta no hospital, pois estou empenhada em aprontar minhas três filhas para a escola e em garantir que sua primeira refeição do dia – o café da manhã – seja saudável. Será que elas estão comendo fibras e vitaminas o bastante? Será que tem açúcar de mais em sua alimentação?

Mais tarde, na mesma manhã, atendendo minha primeira paciente, uma jovem obesa e diabética, de 35 anos, prestes a se submeter à desobstrução das artérias, eu me dei conta do quanto é importante proteger minhas garotinhas das doenças cardíacas.

Meu colega e amigo, Dr. Mehmet Oz, cirurgião cardíaco da Universidade de Colúmbia e incentivador de longa data da vida saudável – além de pai de quatro –, divide as mesmas preocupações por sua família. Como médicos que tratam de pacientes cardíacos, nós testemunhamos e tratamos de um grande número de jovens com entupimento precoce das artérias.

Nossos pacientes cardíacos estão se tornando cada vez mais obesos e mais jovens. E esse padrão é inquietante, e nossas crianças estão sujeitas a viver menos que os pais. Sabemos que essa doença pode ser prevenida com uma dieta saudável; e, como médicos, nossa função é educar e ensinar os pacientes sobre alternativas para melhorar sua qualidade de vida. Como pais, sabemos da importância de ensinar nossos filhos desde muito cedo.

Ironicamente, a maioria das pessoas está ciente sobre os fundamentos de uma vida saudável, da necessidade de se comer legumes, verduras e frutas, e de se evitar os farináceos, açúcar e gorduras saturadas. Ainda assim, comer frutas e vegetais diariamente, rompendo com antigos hábitos, parece ser o maior desafio de todos.

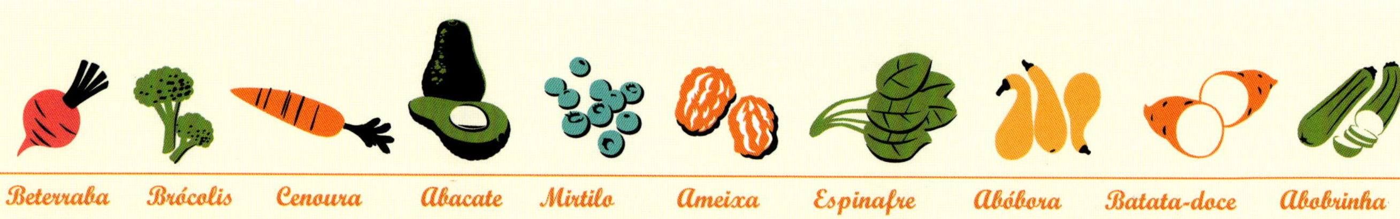

O fato é que o consumo de verduras e legumes é a base de qualquer dieta, seja ela cardiovascular, dietética ou de perda de peso. Embora seja a base das dietas vegetarianas, assim como outras dietas regionais, ela não faz parte dos nossos hábitos diários. O que é uma pena, pois frutas e vegetais são ricos em vitaminas, minerais e fibras – nutrientes que fortalecem o organismo e contribuem para um crescimento saudável.

Todos passamos pela experiência de brigar para que o filho comesse um legume ou verdura, com um desfecho frustrante o bastante para dar vontade de desistir de vez. É aí que entra este livro. Essas receitas maravilhosas introduzem as papilas gustativas dos nossos pequenos a alimentos saborosos e nutritivos, sem que eles deixem de comer o que gostam. Mais tarde, quando ficarem mais velhos, comerão legumes e verduras por vontade própria, afinal. Há anos já estarão saboreando seus nuggets de frango incrementados com algum deles!

Jessica Seinfeld vai direto ao centro da questão: trata-se de implementação prática. Ela simplifica o dilema de como começar, ao nos mostrar exatamente os utensílios de cozinha necessários e alguns truques para preparar refeições de fôrma mais eficiente. A rotina diária não é tão sacrificante, quando se minimiza o tempo dedicado a esse esforço. Não há dúvidas de que os benefícios superam o trabalho de alimentar a família.

Este livro é uma abordagem inovadora sobre alimentar nossos filhos com opções saudáveis, desde os primeiros anos, sem que isso implique estresse para a criança ou para os pais. E fala também da jornada de uma mãe dedicada: a autora. Ela explora cada solução possível com o objetivo de fazer o melhor para sua família, e se sente compelida a compartilhar suas valiosas descobertas com o mundo. Ela teve todo o trabalho, e agora podemos nos beneficiar de seus esforços. As idéias simples e práticas – e sua implementação concreta – impressionam. Esperamos que muitos pais leiam este livro e levem a sério suas recomendações na hora de preparar as refeições da família.

INTRODUÇÃO

Eu passei a temer a hora das refeições

Eu já havia tentado de tudo, mas meus esforços eram minados por um vilão poderoso: legumes e verduras. Almoço e jantar se resumiam a um ritual de oferta e recusa, com eu implorando para que meus filhos comessem seus legumes e verduras, e eles protestando insatisfeitos. Em vez de rir e me divertir com minha família, eu ficava estressada e irritada, na tentativa vã de convencê-los a comer algo que consideravam "nojento". Cheguei ao meu limite. Só o que queria era um pouco de paz ao redor da mesa.

Então, um dia, enquanto eu preparava o jantar – purê de abóbora para meu caçula e macarrão com queijo para o resto de nós –, ocorreu-me misturar um pouco do purê ao macarrão. E foi o que fiz. A coloração era parecida, não dava para perceber que havia abóbora ali, e a textura ficou ótima. Coloquei só mais um pouquinho de abóbora, tomando o cuidado para não permitir que o gosto dela se sobressaísse ao do queijo. E mesmo sentindo uma pontinha de remorso por estar enganando meus filhos, coloquei um pouco mais para garantir que eles comessem uma porção decente de legume.

Daí foi só prender o fôlego.

E funcionou! Sem desconfiar do meu truque, as crianças inocentemente mandaram ver o jantar. Eu, por dentro, pulava de alegria. Não conseguia parar de sorrir, satisfeita por eles comerem um pouco de legume sem que eu precisasse dizer uma só palavra. Jerry, meu marido, estava louco para entender por que eu estava tão sorridente. Era a primeira refeição, em tempos, em que eu não disse nem uma vez, "Comam o legume também". E que prazer isso me deu!

Desde aquele jantar, não precisei repetir o tão temido comentário, e me tornei especialista em camuflar purês de legumes e de verduras e outras adições saudáveis – alimentos que meus filhos sequer tocariam de outra maneira – em seus pratos preferidos.

A família toda está mais feliz, e finalmente voltamos a desfrutar das nossas refeições.

Desde que me tornei mãe, descobri que a maternidade implica desafios constantes. Seja trabalhando fora ou ficando em casa com as crianças, criar filhos é muito difícil e a hora das refeições é um fator de pressão desagradável. Tudo o que se deseja é preparar pratos rápidos, simples e nutritivos que as crianças comam de fato. Mas basta assistir uma única vez a criança se recusar a comer ou atirar no chão os seus mais genuínos esforços, e a vontade é desistir de tudo. Afinal, quem dispõe de tempo – e de comida – para desperdiçar?

As receitas em *Deliciosos e disfarçados*, no meu caso, mudaram essa equação.

Este livro é nada mais que a habilidade de uma mãe para lidar com o assunto. Todas temos dicas e truques que aprendemos com nossa mãe, com as amigas e com o melhor professor de todos, o fracasso. E não há razão para que todo mundo repita os mesmos erros. Saibam que, para cada dez receitas deste livro, eu testei outras dez que ninguém – vejam bem, ninguém mesmo – aprovou. Eu já superei as catástrofes, assim vocês não precisarão passar por elas.

Não sou uma chefe de cozinha, longe disso. E as receitas não exigem treinamento nem experiência em cozinhar. Todas foram testadas, exaustivamente, pelos meus filhos e por outras famílias com filhos pequenos. E depois de selecionar as que melhor funcionaram para mim, contratei os serviços de Jennifer Iserloh, uma chef maravilhosa com experiência em menus infantis, para converter minhas descobertas em receitas práticas que toda família possa aproveitar.

Escolhi pratos com os quais, tenho certeza, pais e filhos se identificarão, pois se parecem muito com os pratos prediletos da garotada – macarrão com queijo, tacos, nuggets de frango, pizza, panquecas e brownies. As receitas foram desenvolvidas para serem rápidas e fáceis, e a maioria fica pronta em trinta minutos ou menos, com um tempo de preparo médio entre dez e vinte minutos. O tempo total e o de preparo estão especificados no início de cada receita, e todas elas atendem aos rigorosos padrões da nutricionista Joy Bauer.

E se tem uma coisa que aprendi preparando essas receitas, e sendo mãe de três crianças voluntariosas, é que assegurar as necessidades nutritivas da sua família exige mais do que a habilidade para seguir uma

receita. Para tornar cada refeição (ou quase todas) nutritiva, é preciso adotar um sistema que atenda ao estilo de vida de sua família.

Assim, além das receitas simples contidas aqui, que agradam às famílias em geral, você também irá encontrar dicas e sugestões inspiradoras de outros pais e mães com filhos pequenos, que certamente lhe ajudarão em sua própria casa.

A organização é fundamental: a preparação toma conta de boa parte do nosso tempo mais precioso, e lhe dará a confiança de que você necessita para cozinhar. Portanto, antes de passar às receitas, eu descrevo uma verdadeira estratégia para conseguir juntar uma série de apetrechos de cozinha indispensáveis; abastecer a sua despensa, para ter sempre à mão ingredientes básicos; e, obviamente, preparar purês. Uma vez que sua cozinha esteja organizada, você vai achar que cozinhar é a parte mais fácil e agradável.

Eu também contei com a assessoria de dois especialistas na criação de filhos, Jean Mandelbaum e Pat Schimm. E incluí suas experiências em fôrma de uma série de dicas ao longo do livro. Você irá perceber que sou das mães que gostam de regras – eu trabalho mais bem estruturada – assim, passarei adiante as regras da minha casa. É o que funciona para mim, mas certamente o melhor método é o que funciona bem para você e para a sua família.

O dia em que eu e Jerry voltamos para casa da maternidade, trazendo a nossa primeira filha, Sascha, olhamos um para o outro e dissemos: "Tudo bem, e agora a gente faz o quê?". Não tínhamos a menor idéia do que fazer, estávamos completamente às escuras. Não dava para acreditar que eles tinham nos deixado trazê-la! Mas não existe receita para a criação dos filhos, e eu passei cada dia dos seis anos que se seguiram tentando descobrir o que fazer, solucionando problemas e apagando incêndios. Descobri que, hoje em dia, eu na verdade gosto desse processo de resolver problemas referentes à criação dos meus filhos, e não me incomodo de tropeçar aqui e ali, até encontrar a melhor saída.

Espero que este livro lhe traga a mesma confiança ou, ao menos, garanta que você nunca mais precise repetir, "Coma os legumes e verduras também!". E, acima de tudo, torço para que o livro lhe ofereça as ferramentas de que precisa para dar a sua família refeições saudáveis, de qualidade e prazerosas.

MUDANDO HÁBITOS COM JEITINHO E COM AMOR

NÃO SERIA MARAVILHOSO se as crianças viessem ao mundo com um desejo natural de comer os alimentos mais indicados?

Na realidade, o problema é que como há opções demais, muitas delas nada saudáveis, para as crianças é quase impossível discernir o que é bom do que é ruim. Fica a cargo dos pais decidir por eles, ao menos até que sejam capazes de discernir por si.

E também de nada adianta ignorar suas aversões por comida. Forçar uma criança a comer o que não gosta só reforça a sua aversão.

É aí que entram o amor e o jogo de cintura. *Deliciosos e disfarçados* permite aos pais dar aos filhos o que eles gostam e o que eles precisam ao mesmo tempo. O livro leva em consideração as coisas que as crianças não apreciam de jeito algum, sem se limitar por isso. Ele possibilitará assumir o controle do que seu filho come, dispensando as cos,ztumeiras batalhas. E, o mais importante, é uma maneira de introduzir o hábito de comer alimentos saudáveis, com o objetivo de que seus filhos passem a se alimentar corretamente ao longo da vida.

Assim como as lições mais marcantes não são ensinadas, as melhores soluções na criação dos filhos são aquelas que constroem bons hábitos, de modo invisível. Eu quero que meus filhos associem alimentos e refeições à felicidade e ao diálogo, não a batalhas intermináveis e desavenças. Com um pouco de jogo de cintura, você será capaz de fazer desaparecer de vez da sua mesa o dilema sobre a alimentação do seu filho.

Apresentando o GABINETE DA COZINHA

Jessica

Olá, sou a **JESSICA**, e esses são os integrantes do gabinete da minha cozinha, o grupo de assessores mais importantes. Meus três filhos são os provadores oficiais das receitas. São também os críticos mais severos. Se eles aprovam, posso estar certa de que os seus provadores ficaram satisfeitos. Eu ainda testei as receitas com os amiguinhos deles e alguns sobrinhos meus que nos visitaram, alguns deles com paladar bastante exigente, devo dizer.

Sascha

SASCHA, nossa filha mais velha, tem seis anos e possui o paladar mais exigente. Na verdade, é quase impossível agradá-la. Praticamente, desde que nasceu, ela deixa bem claro o que come e o que não come. Ela observa a comida com hesitação e apreensão, e raramente prova algo novo. Exceção feita aos doces, pois está sempre pronta a provar qualquer coisa que lembre uma sobremesa.

Julian

JULIAN, nosso segundo filho, tem quatro anos. Ele é um bom garfo, quando sua irmã não está por perto para influenciá-lo. Tudo o que lhe é oferecido para comer, ele topa; agora, quando Sascha está por perto, faz coro para tudo o que ela diz. Assim, do nada, mesmo que eu tenha preparado algo de que gosta, ele empurra o prato e diz, "Não gosto disso". Resumindo, a partir daí não é um, são dois sem comer, e com os quais terei que negociar pelo resto da refeição.

Shepherd

SHEPHERD, nosso "bebê", tem dois anos, e é um comilão. Ele come de tudo. TUDO. Come até passar mal. A primeira palavra que pronunciou foi "aquele", que na linguagem dos bebês quer dizer "Eu quero AQUELE aqui no meu prato".

Jerry

Meu marido, **JERRY**, é um bom garfo. Ele até que gosta de comer legumes e verduras e os pratos saudáveis que eu preparo, por assim dizer. Na verdade, ele se contenta com tudo, o que é uma das razões que o tornam ótimo marido. E ele é maravilhoso, pois faz comentários variados, diferentemente das crianças, que só sabem dizer: "Eca, que nojo, tá horrível!".

O PROGRAMA

A organização facilita muito as coisas. Siga estes quatro passos para conseguir refeições em família mais saudáveis

1. ***Equipe sua cozinha com utensílios que tornam o cozinhar mais fácil.*** ***(página 18)***
2. ***Abasteça sua despensa com ingredientes básicos que serão usados a todo momento.*** ***(página 22)***
3. ***Prepare purês, em pequenas quantidades, depois separe em porções e congele, para usá-los nas receitas.*** ***(página 24)***
4. ***As receitas. Começam os disfarces!*** ***(página 42)***

Se já leu até aqui, significa que a ação já pode começar. Então, o meu plano é o seguinte:

Para encorajar sua família a se alimentar melhor, será preciso fazer algumas mudanças no seu jeito de cozinhar. O primeiro passo é providenciar alguns purês de frutas, legumes e verduras, bem simples. Você vai aprender facilmente a prepará-los, cozinhá-los, amassá-los e separá-los em porções. Assim, eles estarão sempre prontos para usar, como um outro ingrediente qualquer em uma das minhas receitas.

Descobri, ao mudar o meu próprio jeito de cozinhar, que meu cérebro precisava ser recalibrado. Precisaria de uma abordagem mais sistemática para me organizar. E o meu sistema, apresentado aqui, vai ajudá-los a organizar as coisas em casa, facilitando ao máximo o preparo das refeições.

Na teoria, os purês podem ser feitos à medida que serão utilizados, minutos antes de começar a preparar uma receita. Mas posso lhes assegurar que isso não funciona na minha casa. Se eu puder abrir o freezer e pegar uma porção de purê de abóbora, em vinte minutinhos meus filhos estarão comendo macarrão com queijo, não importa se misturarei o purê numa receita própria ou no macarrão instantâneo comprado em caixinha. Caso a abóbora não esteja lá, eu terei que me submeter aos "Coma o legume", outra vez.

Pensem em mim como sua técnica em culinária. Eu vou lhes encorajar a gastar ao menos uma hora por semana preparando os purês, para tê-los sempre à mão. Vocês com certeza não terão *vontade* de prepará-los toda semana (do tipo, você tem mesmo disposição para ir à academia?), mas irão descobrir que vale a pena. Conforme as mudanças forem acontecendo, os dois a cinco minutinhos para processar o purê passarão despercebidos, e cada vez mais se achará uma oportunidade para prepará-los. Fazer purês se tornará um hábito, como tudo mais.

1

EQUIPE SUA COZINHA

Há alguns aparelhos e utensílios especiais que lhe ajudarão a se tornar um chef de purê eficiente e talentoso

Vale a pena ter aparelhos de grande porte (como um multiprocessador de alimentos ou um liquidificador) e um modelo compacto (como um miniprocessador); o processador é útil para o preparo de um grande volume de purê, mas, no caso de uma única receita, o miniprocessador funciona melhor.

PARA COZINHAR A VAPOR

Panela de arroz elétrica, vaporeira ou uma panela para macarrão com cesta removível

Das três a minha preferida é a **panela de arroz a vapor elétrica**, pois é só ajustar o timer e ela desliga automaticamente. Posso sair da cozinha e ir fazer outra coisa, que um sinal sonoro me avisará quando os legumes estiverem cozidos.

PARA PROCESSAR O PURÊ

Processador de alimentos, liquidificador ou miniprocessadores para processar e picar

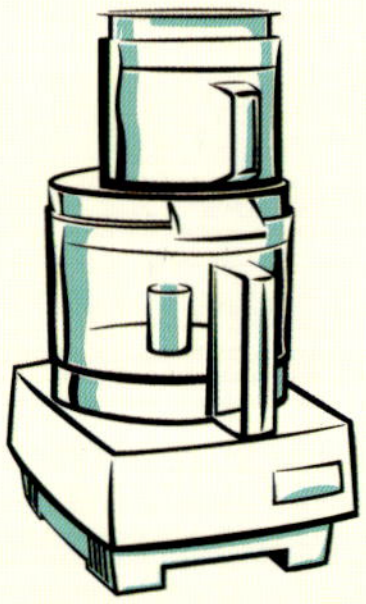

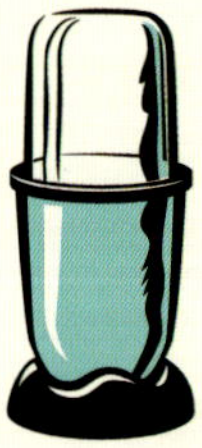

Algumas pessoas optam pelo **liquidificador,** mas eu prefiro um **processador de alimento** ou o ***Magic Bullet*** (meu marido, na verdade, o comprou para mim numa promoção de fim de noite na TV, e eu adorei) para picar e processar, pois o resultado final é mais suave.

PARA OS PURÊS

Peneira ou escorredor

Tábua de corte

Descascador de legumes

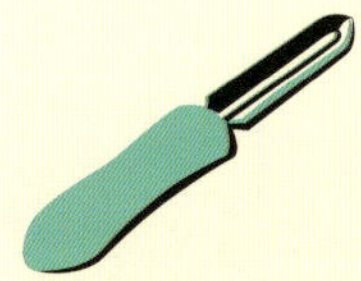

Faca grande

Faca de legumes

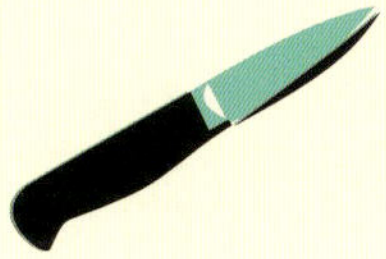

Panelas de 250 e 500 ml

Panelas de 1,5 e 2 l

Timer

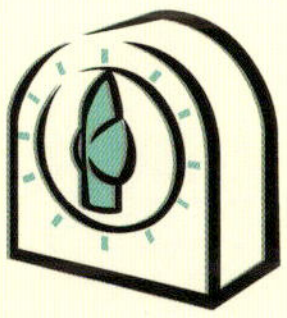

Colheres de madeira: pequena, média e grande

Colheres e copo de medida

Sacos herméticos para armazenar alimentos

Marcador definitivo preto para identificar os purês

OUTROS UTENSÍLIOS DE COZINHA ÚTEIS

Potes herméticos plásticos

Tesoura (para abrir as embalagens de purê)

Ralador com lâminas variadas

Papel-manteiga, papel-alumínio, filme plástico

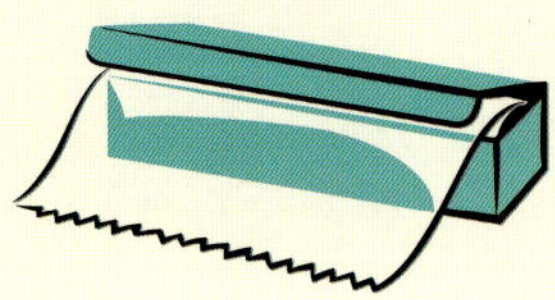

Amassador ou espremedor de batatas

Frigideiras com antiaderente pequena e grande

Travessas refratárias

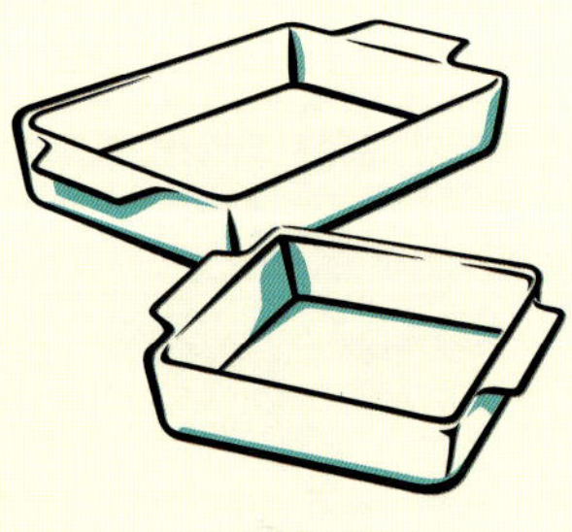

Fôrma para picolé

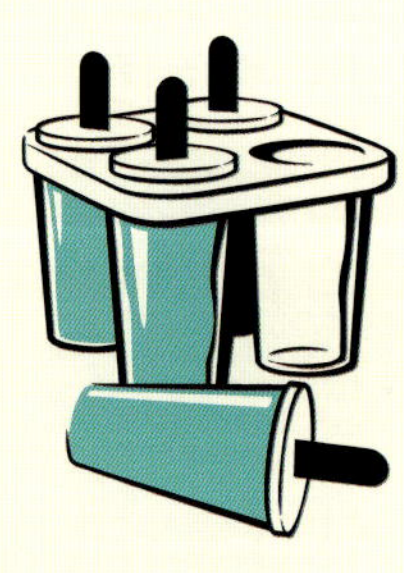

Fôrma de bolo inglês (12 x 22cm)

PARA ASSAR

Espátula de silicone resistente ao calor

Batedor

Tigelas

Colher de sorvete para encher forminhas de muffin

Fôrma para muffins grandes e pequenos

Assadeiras para biscoitos

Assadeiras (20 x 20 cm e 22 x 30 cm)

Grelha para esfriar

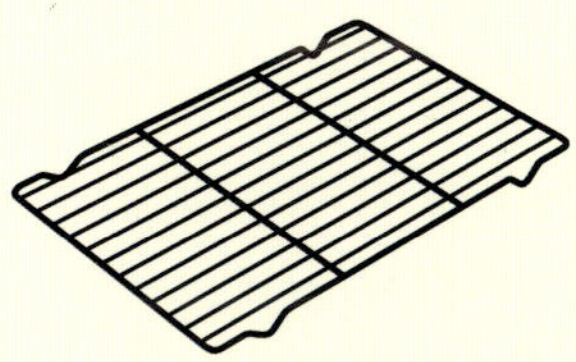

Fôrma para bolo com 22 cm Ø

Fôrma para torta 22,5 cm Ø

Batedeira elétrica (opcional, mas ótima aquisição)

Forminhas de papel

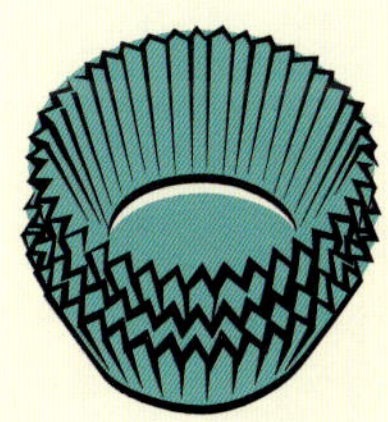

2

ABASTEÇA SUA DESPENSA

PERECÍVEIS

- Ovos grandes
- Margarina livre de gordura trans
- Sour cream desnatado (substitua por coalhada)
- Iogurte natural desnatado
- Maionese light
- Queijos mussarela e cheddar light
- Queijo Parmesão
- Cream cheese light
- Queijo cottage light
- Leite desnatado
- Germe de trigo
- Semente de linhaça moída

TEMPEROS

- Sal
- Pimenta em grãos
- Mix de temperos
- Manjericão desidratado
- Pimenta vermelha moída
- Canela
- Cravo em pó
- Cominho em pó
- Alho em flocos
- Noz-moscada
- Cebola desidratada
- Páprica doce em grãos
- Tomilho desidratado
- Tempero para torta de abóbora

CEREAIS E SIMILARES

- Pão de trigo integral
- Arroz integral
- Cuscuz
- Massas (prefira as integrais ou multigrãos como penne, canellini, letrinhas e espaguete)
- Massa para lasanha instantânea
- Tortilhas de trigo integral

PARA ASSAR

- Farinha de trigo integral
- Farinha de trigo
- Aveia – em flocos e instantânea
- Açúcar granulado
- Açúcar de confeiteiro
- Açúcar mascavo claro e escuro
- Chocolates ao leite e meio-amargo
- Pastilhas de chocolate meio-amargo
- Chocolate em pó (sem adição de açúcar)
- Xarope de glucose
- Extrato de baunilha
- Extrato de limão
- Purê de maçã natural
- Cereja em compota, ameixa e damasco secos
- Nozes e noz pecã picadas
- Amido de milho
- Óleo de canola ou outro vegetal
- Bicarbonato de sódio
- Fermento
- Mistura para bolo em pó (Pão-de-ló, de chocolate e brownie)
- Mistura instantânea para panquecas
- Bolacha de água e sal (light)
- Marshmallows

NO ARMÁRIO

- Azeite de oliva
- Spray antiaderente
- Pasta de amendoim
- Caldo de frango light (em pó ou tablete)
- Caldo de carne light com redução de sódio (em pó ou tablete)
- Tomates em conserva (inteiros e picados)
- Grão-de-bico em conserva
- Beterraba em conserva
- Feijão-branco em conserva
- Feijão em conserva
- Suco de abacaxi
- Molho de tomate em conserva (de qualidade)
- Coco seco sem adição de açúcar
- Farinha de rosca comum, de pão italiano ou integral
- Vinagre balsâmico
- Molho de soja com baixo teor de sódio
- Molho inglês com baixo teor de sódio
- Xarope de bordo

- Mel
- Ketchup
- Cebola desidratada
- Alho (desidratado, em pasta ou molho)

3

OS PURÊS: COMO FAZER

1º passo

Reserve um tempo semanalmente

Planeje ir às compras uma vez por semana, em busca de frutas, legumes e verduras necessários para os purês a serem consumidos na semana seguinte. Reserve ainda uma hora extra para prepará-los. Eu tenho um encontro marcado com meu marido na cozinha toda noite de domingo, depois que as crianças dormem. Nós colocamos os assuntos em dia e agendamos os compromissos da semana à frente, enquanto eu preparo os purês noite adentro (na verdade, não gasto mais que uma hora para preparar uma tonelada de purê). E, ao final, eu me sinto muito competente.

Que hortaliças comprar? Decida-se pelo que agradará mais o paladar de seus filhos. Se a criança tiver certa repulsa por vegetais verdes, por exemplo, sugiro começar por couve-flor, abóbora-menina, abobrinha e abóbora madura, que são mais fáceis de se disfarçar.

E em que quantidade? Comece com 450 gramas de cada hortaliça ou com uma unidade de couve-flor, abóbora-menina, abobrinha ou abóbora madura. Depois que seu estoque de purês congelados estiver formado, será necessário fazer apenas a reposição.

Você também pode usar uns minutinhos aqui e ali durante a semana: ao usar o forno, aproveite e asse junto algumas batatas-doces, por exemplo.

2º passo

Prepare hortaliças e frutas

1 Lave as frutas e hortaliças e escorra.

2 Abra uma folha de papel-manteiga, papel toalha ou uma embalagem de papel reciclado (corte para poder abri-lo), para coletar as aparas.

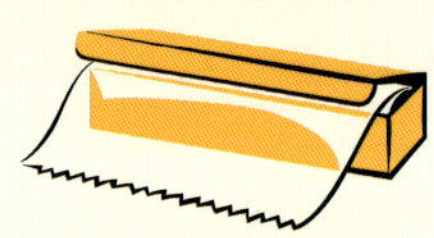

3 Prepare as frutas e hortaliças como explicado no quadro a partir da página 28.

- Às vezes, em vez de produtos frescos, uso congelados ou enlatados. Beterraba e abacaxi em conserva rendem purês ótimos (prefira abacaxi em conserva natural, sem açúcar). Escorra antes de processar.

- Na hora da pressa, uso legumes já vendidos picados em supermercados. Mas eles devem estar frescos, evite os ressecados e sem cor.

4 Lembre-se que o melhor das frutas é que dispensam o cozimento. Em algumas das receitas, mesmo legumes e verduras podem ser processados sem cozinhar, basta picá-los bem. Quando isso acontecer, em geral, coloquei uma observação nas notas antes da receita.

3º passo

Cozinhe os legumes e verduras

Cozinha a vapor é uma ótima maneira de preparar legumes e verduras preservando seus nutrientes. Use uma panela de arroz, uma cesta removível ou uma panela para cozinhar massas com escorredor acoplado.

1 Descasque, apare e pique-os como explicado na tabela da página 28.

2 Coloque cerca de dois dedos de água em uma panela. Acople a cesta ou escorredor (sem os vegetais), cubra e leve ao fogo para ferver (ou siga as instruções de sua panela de arroz elétrica).

- Na ausência de algum tipo de vaporeira, use uma panela pequena. Coloque um dedo de água para ferver, acrescente os vegetais, tampe e deixe cozinhar. Mas atenção para não queimar – a água evapora depressa.

3 Acomode os vegetais na vaporeira – cerca de duas camadas cozinham bem –, cubra e deixe cozinhar no vapor pelo tempo recomendado na página 28.

- Caso vá cozinhar diversas porções de vegetais, renove a água a cada cozimento. Principalmente com vegetais verdes, que deixam na água um gosto amargo, que poderia passar adiante.

4 Escorra os vegetais com o auxílio de uma peneira.

Assar é uma ótima opção para cozinhar batata-doce, beterraba e abóbora-menina. Basta colocá-los sem descascar no forno, ajustar o timer, e esqueça deles enquanto verifica seus e-mails ou brinca com as crianças.

1 Pré-aqueça o forno a 200 °C.

2 Prepare os legumes e verduras como indicado na página 28, coloque-os sobre

uma fôrma forrada com papel-alumínio, e leve ao forno até ficar macio.

3 Deixe descansar até esfriar o suficiente para manusear. Descasque as beterrabas ou retire a polpa da batata-doce ou da abóbora com uma colher de sopa – elas devem sair por completo.

No microondas, o cozimento é mais rápido e dispensa utensílios. Mas com a variedade de modelos de fornos de microondas, é difícil indicar o tempo exato de cozimento. O único jeito, aqui, é aprender com a própria experiência.

1 Descasque, apare e pique os vegetais.

2 Coloque-os numa vasilha de cerâmica ou refratária (nada de metal!). Acrescente duas colheres de sopa de água. Cubra com filme plástico, uma tampa própria para microondas ou papel-manteiga.

3 Regule o microondas, e vá acrescentando tempo de um em um minuto até que estejam macios ao perfurar com a ponta de uma faca.

4º passo

Transforme em purê

1 Coloque as frutas, legumes e verduras num liquidificador ou processador de alimentos, ajuste bem a tampa e acione o aparelho até o purê ficar homogêneo e cremoso. Em geral, por cerca de dois minutos.

- Amasse bananas e abacates com um garfo antes de processá-los.
- Processe grandes quantidades de alimentos em um aparelho de tamanho regular. Os miniprocessadores são ótimos para porções reduzidas.

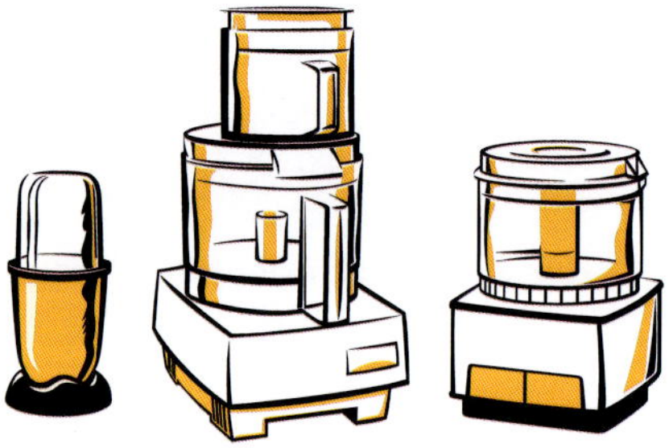

2 Talvez seja preciso acrescentar uma ou mais colheres de água à couve-flor, cenouras e brócolis para obter uma textura homogênea e cremosa.

3 Deixe o purê esfriar completamente.

5º passo

Separe em porções e embale os purês

1 Separe os purês em porções de ½ xícara (às vezes faço porções de ¼ de xícara, dependendo da receita) e embale-as em sacos plásticos herméticos, caso pretenda usá-los nos dias seguintes, ou em sacos plásticos regulares para congelamento prolongado.

2 Use uma caneta definitiva para identificar o ingrediente, a quantidade e a data de preparo de cada embalagem. Por exemplo: ½ xícara, espinafre, 27/01/08.

3 Coloque os purês que serão usados em breve na geladeira, e congele os demais. • Eu acomodo os saquinhos de purê dentro de potes plásticos tanto na geladeira quanto no freezer. Além de manter e organizar, fica mais fácil identificar a ordem em que devem ser consumidos.

6º passo

Cozinhe!

Com a cozinha e a despensa abastecidas, você está pronta para preparar as receitas que começam na página 43.

1 Verifique na lista de ingredientes de cada receita que purê elas pedem, e tente usar os purês estocados há mais tempo.

2 Escolha os purês que irá usar na receita selecionada.

3 Descongele os pacotes de purê no microondas (o tempo varia segundo o modelo), ou mergulhe-o em água quente até amolecer.

4 Corte es embalagens com uma tesoura para retirar todo o conteúdo.

5 Use os purês com um ingrediente qualquer, seja em minhas receitas ou misturados a alimentos comprados prontos, para aumentar em instantes seu valor nutritivo. (Por exemplo, é possível enriquecer um vidro de molho pronto para massas com qualquer um dos purês – acrescente o purê aos poucos, até encontrar o sabor e a coloração ideal. Você melhor do que ninguém sabe agradar o paladar de seus filhos.)

PURÊS DE LEGUMES E VERDURAS

Abacate

Preparo: Reparta na metade e remova a semente torcendo para sair. Retire a polpa com uma colher.

Purê: Em uma tigela, amasse com um garfo e depois processe no liquidificador ou processador de alimentos por dois minutos. Antes de guardar, retire todo o ar da embalagem.

Abóbora-menina

Preparo: Corte o caule, abra a abóbora ao meio no comprimento e remova as sementes.

Cozimento: Coloque as metades com a polpa para baixo em uma assadeira e leve ao forno médio (200 °C) por 45 a 50 min.

Purê: Retire a polpa com uma colher e processe em um liquidificador ou processador por cerca de dois minutos.

Abobrinha brasileira ou italiana

Preparo: Corte fora as extremidades e pique em pedaços de dois centímetros.

Cozimento: Cozinhe no vapor por 6 a 8 minutos.

Purê: Processe em um liquidificador ou processador por uns dois minutos, até ficar uniforme.

Batata-doce

Preparo: Não descasque. Corte em quartos, se optar por cozinhar no vapor.

Cozimento: Cozinhe no vapor, por 40 a 45 minutos, ou asse por 50 a 60 minutos no forno a 200 °C.

Purê: Retire a polpa e processe em um liquidificador ou processador por cerca de dois minutos.

Beterraba

Preparo: Deixe inteira (corte a rama deixando 2 cm.) e com casca.

Cozimento: Enrole em papel alumínio e asse a 200 °C, por cerca de 1 h (até que estejam macios quando espetados com uma faca).

Purê: Depois de descascar, processe no liquidificador ou processador de alimentos por dois minutos.

Brócolis

Preparo: Separe as inflorescências.

Cozimento: Cozinhe no vapor por 6 a 7 min. até ficar macio, mas sem perder a cor e o brilho (se ficarem amarelados, terão passado do ponto).

Purê: Processe em um liquidificador ou processador por uns dois minutos. Se necessário, junte um pouco de água para suavizar a textura.

Cenouras

Preparo: Descasque, corte fora as extremidades e divida em três pedaços.

Cozimento: Cozinhe no vapor por 10 a 12 min.

Purê: Processe em um liquidificador ou processador por uns dois minutos. Se necessário, junte um pouco de água para suavizar a textura.

Couve-flor

Preparo: Separe as inflorescências e despreze a haste central.

Cozimento: Cozinhe no vapor por 8 a 10 min.

Purê: Processe em um liquidificador ou processador por uns dois minutos. Se necessário, junte um pouco de água para deixar mais cremoso.

Ervilhas

Preparo: Nenhum, se forem congeladas.

Cozimento: Cozinhe as ervilhas descongeladas no vapor, por 30 a 60 seg.; as congeladas levarão dois minutos.

Purê: Processe por uns dois minutos em um liquidificador ou processador, até ficar cremoso e uniforme. Se necessário, acrescente água.

Espinafre

Preparo: O espinafre bebê dispensa preparo. Para a variedade madura, dobre as folhas na metade com o pedúnculo para fora, e remova-o da folha.

Cozimento: Cozinhe no vapor por 30 a 40 segundos, ou com uma colher de água.

Purê: Processe em um liquidificador ou processador por uns dois minutos. Se necessário, junte um pouco de água para suavizar a textura.

Pimentão vermelho

Preparo: Corte ao meio, no comprimento. Retire o caule, as sementes e a membrana branca.

Cozimento: Cozinhe no vapor por 10 a 12 min.

Purê: Processe em um liquidificador ou processador por uns dois minutos, até ficar pastoso.

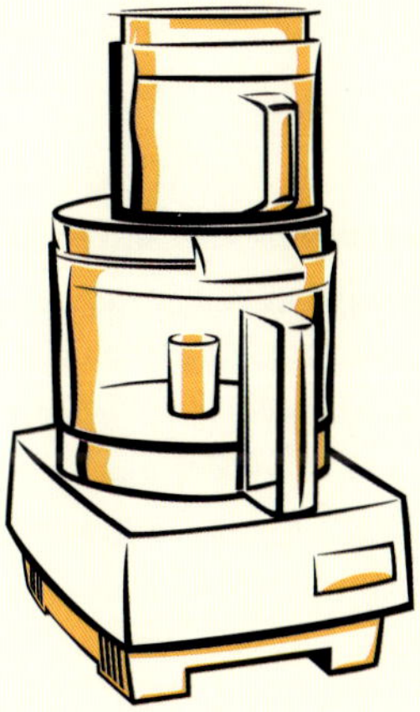

PURÊS DE FRUTAS

Abacaxi

Preparo: Corte as folhas. Descasque cuidadosamente, removendo os “olhinhos” do abacaxi. Corte em quatro, retire o miolo e pique.

Purê: Processe por uns dois minutos em um liquidificador ou processador.

Bananas

Preparo: Bananas maduras rendem purês homogêneos e adocicados. Descasque.

Purê: Amasse com um garfo sobre uma tábua de preparo e, depois, processe em um liquidificador ou processador por uns dois minutos.

Cerejas

Preparo: Se frescos, retire os cabinhos e as sementes. Se congelados, descongele.

Purê: Processe por uns dois minutos em um liquidificador ou processador.

Maçãs

Preparo: Pode ser descascada ou não. Corte em quatro e retire a semente.

Purê: Processe no liquidificador ou processador por uns dois minutos.

Melão-cantalupo

Preparo: Corte o melão na metade e retire as sementes com uma colher. Fatie e retire a casca do melão.

Purê: Processe por uns dois minutos em um liquidificador ou processador.

Morangos, framboesas e mirtilo

Preparo: Descongele, se estiverem congeladas. Corte ou arranque o cabinho dos morangos.

Purê: Processe em um liquidificador ou processador por uns dois minutos.

O BÁSICO: PREPARAR ARROZ, MASSAS, FRANGO E CARNES

Algumas das receitas deste livro exigem um conhecimento prévio de como preparar arroz e massas. Para os iniciantes, aqui vão as instruções básicas.

Fazendo arroz

Eu uso arroz integral que contém fibras e nutrientes intactos. Para preparar o arroz branco, diminua a quantidade de água para 1 ⅓ xícara e reduza o tempo de cozimento para 15 a 18 minutos. Para introduzir o arroz integral à sua família, comece misturando gradualmente um pouco de arroz branco.

Método no fogão

1 Coloque 1 xícara de arroz integral, 1 ⅓ xícara de água e uma pitada de sal em uma panela pequena.

2 Espere ferver, tampe e abaixe o fogo; deixe cozinhar de 30 a 40 minutos, até que o arroz esteja macio e a água seque.

3 Apague o fogo e deixe descansar, coberto, por 5 minutos.

Método na panela elétrica

Existem diversas marcas de panelas elétricas no mercado. Siga as instruções que acompanham a sua arrozeira.

Fazendo macarrão

O macarrão integral, em geral, é "escuro" demais para algumas crianças. Comece misturando-o com o de semolina, e aos poucos dê apenas o integral.

1 Coloque uma panela de água com um pouco de sal para ferver, em fogo alto.

2 Acrescente o macarrão, e cozinhe pelo tempo indicado na embalagem, até ficar al dente.

3 Apague o fogo e deixe descansar, coberto, por 5 minutos.

Preparando purês de frango e de carne

Você pode incrementar a comida de seu filho acrescentando carne ou frango previamente cozidos e processados.

1 Tempere o filé de frango ou bife com sal e pimenta.

2 Pré-aqueça uma frigideira grossa untada, em fogo moderado. Quando estiver quente, coloque 1 colher de sopa de azeite e, depois, a carne. Para frango em pedaços refogue por 4 a 5 minutos; o filé de frango ou de carne, por 5 minutos de cada lado, depois, reduza o fogo, tampe e deixe cozinhar por 9 ou 10 minutos.

3 Deixe esfriar um pouco antes de cortar em pedaços.

4 Transfira para o processador de alimentos e processe até ficar bem moída. Junte umas gotas de água, gradualmente, para uma textura mais cremosa.

O QUE PAIS E MÃES PRECISAM SABER SOBRE NUTRIÇÃO

Joy Bauer é nossa nutricionista guru. Eu a conheci anos atrás quando recorri a sua ajuda para perder os difíceis quilos extras da gravidez. E ela me convenceu de que a comida saudável pode ser deliciosa e fácil de preparar. Sendo uma profissional ocupada e mãe de três, Joy sabe como é importante abastecer a despensa e preparar refeições de modo eficiente. Além de avaliar todas as nossas receitas e lhes dar seu selo de aprovação, Joy contribuiu com importantes conselhos nutricionais.

"É IMPOSSÍVEL querer controlar cada mordida que seu filho dá – é importante para a criança desenvolver controle e confiança no que diz respeito à alimentação. Mas é sabido que uma nutrição adequada aumenta a energia, previne acidentes e machucados e ace-lera a recuperação; melhora o desempenho escolar e, inclusive, afeta positivamente o humor (se você já apanhou uma criança em uma festa, depois de ter se empanturrado de bolo, sorvete e uma sacolinha cheia de doces, deve ter testemunhado os altos e baixos do que chamo de 'caos do açúcar no sangue' nas horas que se seguem).

Então, como alimentar nossos filhos? Há diversos modismos e teorias nutricionais hoje em dia (me diga, o que significa uma porção?). Acaba tudo virando uma confusão só, e o retorno que recebo de pais é que eles não dispõem de tempo para decifrá-los.

Como mãe e nutricionista, também estou em busca do equilíbrio. Não é nada prático ter que medir e calcular alimentos o tempo todo para assegurar que seu filho receba o que precisa.

E não há necessidade disso.

A vantagem das receitas neste livro é que levam em consideração o fator nutritivo. Ainda assim, é recomendável que os pais tenham uma boa noção sobre a nutrição, por isso, compartilharei com vocês as regras nutricionais básicas (esquematizadas nas páginas a seguir) que vigoram na minha própria casa.

É simples: em lugar de quantidades ou porções, raciocino em termos de categorias de alimentos que meus filhos devem comer diariamente – legumes e verduras, frutas, proteínas, grãos integrais e alimentos ricos em cálcio, incluindo o leite. A partir daí, escolho os alimentos de cada uma delas que fornecem o maior valor nutritivo 'por mordida'.

O mais importante a se fazer é oferecer *variedade*. Desta fôrma, você garante a seus filhos uma variedade de nutrientes, e elimina a necessidade dos cálculos com miligramas desta ou daquela vitamina.

Há um padrão de medidas que define a chamada 'porção', e esta informação está incluída nas regras básicas a seguir. Mas não é necessário ir tão longe para medir as porções. Basta oferecer os alimentos com regularidade. Afinal, é impossível controlar o que eles comem, não é mesmo?

E, apesar da excelente técnica de 'disfarce' divulgada neste livro, concordo com Jessica quanto a não deixar, de modo algum, de colocar bem visível sobre a mesa ao menos um vegetal no almoço e no jantar. Sirva, por exemplo, vagens cozidas no vapor ou brócolis na manteiga; ou então algo cru, como minicenouras crocantes, ervilhas frescas ou tiras de pimentão vermelho, verde ou amarelo, que podem acompanhar alguns dos deliciosos patês receitados nas páginas 123 e 127. É importante que as crianças se acostumem a ver e, é lógico, a provar legumes e verduras. Fica a seu critério quais escolher, e como prepará-los: no vapor, assado, feito no microondas, frito no azeite. Eu lhe asseguro, que seu filho a princípio pode até resistir, mas com o tempo acabará experimentando."

REGRAS NUTRICIONAIS BÁSICAS PARA CRIANÇAS

Legumes e verduras

3+ AO DIA!

Algumas hortaliças com maior teor nutritivo são brócolis, pimentão (de todas as cores), espinafre, tomates, cenouras, abóbora e couve-de-bruxelas. Tente incluir ao menos três deles por dia nas refeições de seu filho – de 1 ½ a 2 ½ xícaras no total, em purê ou como acompanhamento. Segundo a minha experiência, os cinco vegetais nutritivos mais bem aceitos pela garotada são, na seguinte ordem:

- **pimentão vermelho**
- **cenoura-baby**
- **brócolis**
- **tomate**
- **ervilha fresca**

Igualmente populares entre as crianças, embora menos nutritivos, são: **vagem**, **ervilhas**, **milho**, **pepino** e **alface**. Ervilha e milho congelados ficam prontos, inclusive, em questão de minutos.

Frutas frescas

2 AO DIA!

Entre as mais recomendadas estão morango, framboesa, amoras, mirtilo, laranja, maçã vermelha, banana, toranja vermelha, melão, kiwi e uva vermelha. E tenha em mente que as frutas em si são mais nutritivas que na fôrma de suco.

Uma porção = 1 unidade, como uma laranja ou uma maçã, ou ¾ de xícara de frutas vermelhas ou de salada de frutas.

Grãos integrais

3 AO DIA!

Os grãos integrais são os que conservam as três partes do grão natural: o farelo, o endosperma e o gérmen, elementos estes que tornam os alimentos integrais tão nutritivos. Isso significa substituir o arroz branco por arroz integral; a farinha de trigo refinado por trigo integral; e o macarrão de semolina (refinada) por macarrão integral.

Não se engane pelo termo "multigrãos" ou "5-grãos" nos rótulos de pães e de cereais matinais – o primeiro ingrediente deve conter a palavra "integral" ou "aveia". Ofereça três porções ao dia e, em caso de relutância das crianças, não hesite em misturar arroz e macarrão refinados com os equivalentes integrais.

Uma porção = ½ xícara de arroz cozido, macarrão ou cuscuz integral; 1 fatia de pão integral; ½ xícara de aveia em flocos ou de cereal matinal integral (de preferência, com 6 ou menos gramas de açúcar e 3 ou mais gramas de fibra por porção).

Alimentos ricos em cálcio

3 AO DIA!

A principal fonte de cálcio para crianças (com mais de dois anos de idade) é o leite desnatado. Mas não devemos nos esquecer de outros laticínios como iogurte desnatado e queijo cottage e queijos com baixo teor de gordura. Ofereça no mínimo **três porções** ao dia. (Em termos de volume, os laticínios desnatados superam os integrais como fonte de cálcio, pois com a remoção das gorduras nocivas às nossas artérias, sobra mais espaço para o cálcio). Outras boas fontes não-lácteas são:

- **Hortaliças verdes** (especialmente o brócolis e a couve)
- **Feijões** (especificamente a soja e o feijão branco)
- **Tofu** (melhor se o rótulo indicar "boa fonte de cálcio")
- **Alimentos fortificados com cálcio** como algumas marcas de bolachas integrais e suco de laranja. À medida que a criança cresce, o cálcio deve aumentar. Crianças e adolescentes entre as idades de 9 a 18 anos necessitam de 1.300 mg de cálcio, o equivalente a cerca de quatro porções diárias de alimentos ricos em cálcio.

Uma porção = 1 xícara de leite, iogurte ou suco fortificado com cálcio, ½ a 1 xícara de feijão (principalmente a soja e o feijão branco) ou brócolis, ou 115 gramas de tofu rico em cálcio.

Proteína magra

As principais fontes de proteína para crianças são: peito de peru, peito de frango, lombo de porco, peixes e frutos do mar, tofu, hambúrgueres de peru ou vegetarianos, laticínios desnatados, feijões edamame (soja fresca) e ovos.

Conheça alguns exemplos de quantidades de proteína, em gramas, para diversos alimentos que seus filhos possivelmente consomem:

- **Frango grelhado (85 g ou uma porção do tamanho da palma da mão):** ***21 gramas***
- **Hambúrguer de peru (115 g):** ***21 gramas***
- **Iogurte (pote com 170 g):** ***6 a 8 gramas***
- **Leite desnatado (1 xícara):** ***8 gramas***
- **Manteiga de amendoim (2 colheres de sopa):** ***8 gramas***
- **Tofu (85 g):** ***7 gramas***
- **1 ovo:** ***6 gramas***
- **Nozes (1/4 de xícara):** ***6 a 8 gramas***
- **Hambúrguer vegetariano:** ***5 a 10 gramas***
- **1 fatia de pizza:** ***12 gramas***
- **1 tira de queijo:** ***8 gramas***

Uma regra básica é que as crianças precisam consumir aproximadamente metade do seu peso corporal, em gramas, de proteína por dia. Por exemplo, uma criança de 30 kg precisa comer cerca de 15 gramas de proteína por dia.

Gorduras

O ideal é minimizar a presença de gorduras trans e saturadas na dieta de seu filho. Eu uso somente laticínios desnatados ou light em minha casa, e não admito gordura trans e minha cozinha. Isso significa não a produtos panificados prontos nem frituras e salgadinhos que contenham gordura hidrogenada. A recompensa é que você não precisa se preocupar em gastar aquela bolachinha ou pãozinho especial da padaria aí perto quando as crianças não estavam por perto. As gorduras que devem ser oferecidas são:

- **Gorduras monossaturadas,** presentes no azeite de oliva e no óleo de canola, castanhas em geral e abacate tipo avocado.
- **Gorduras omega-3,** encontrada em peixes gordurosos (como o salmão selvagem e as sardinhas), nozes, linhaça e ovos fortificados com omega 3.

Fibras

Atualmente, muito se tem falado sobre as **fibras**. As fibras insolúveis ajudam a manter a função intestinal em dia! Ou seja, ajudam a prevenir e a tratar a constipação e facilitam o funcionamento do sistema digestivo. Elas ainda protegem contra a obesidade, doenças coronarianas e diabetes tipo 2. Outro tipo, a fibra solúvel, ajuda a eliminar o colesterol antes que ele seja digerido, e ajuda a estabilizar o nível de açúcar no sangue em crianças. Oferecer frutas, legumes, verduras e cereais integrais variados garante a seus filhos um consumo adequado de fibras.

O QUE HÁ NESSE VEGETAL?

1/4 de abacate
(55 calorias)

- Os abacates são a única fonte vegetal de gorduras monoinsaturadas, que ajudam a baixar os níveis de colesterol no sangue, protegendo a saúde cardíaca dos pequenos.
- Eles também são uma superfonte de fibras solúveis, que auxiliam o controle do nível de açúcar no sangue.
- E estão cheios de vitamina E, que protegem as células sadias e auxiliam na cicatrização de cortes e arranhões.

1 xícara de beterraba
(58 calorias)

- As beterrabas estão repletas de dois antioxidantes diferentes que previnem as células saudáveis de danos por todo o organismo.
- O ácido fólico na beterraba também estimula a reprodução e o funcionamento celular adequados.
- E como fornecem uma boa quantidade de potássio, as beterrabas beneficiam o coração e a pressão sanguínea da garotada.

1 xícara de brócolis
(30 calorias)

- Tal qual os demais vegetais crucíferos, o brócolis é importante, pois contém substâncias que ajudam o organismo a combater alguns tipos de câncer.
- Eles também ajudam na cicatrização de pequenos ferimentos da criança, pois é uma importante fonte de vitamina C.
- E nenhum outro vegetal faz tão bem para ossos e dentes (é uma boa fonte de cálcio não-láctea, mais bem absorvida pelo organismo que o espinafre).

1 xícara de abóbora-menina
(63 calorias)

- A acentuada coloração alaranjada desta variedade de abóbora indica que ela contém betacaroteno, que é ótimo para a saúde dos olhos e da pele das crianças.
- Além disso, ela também é rica em potássio, que beneficia a saúde do coração.

1 xícara de cenouras
(52 calorias)

- As cenouras são ótimas para a pele e os olhos dos seus filhos, pois estão repletas de betacaroteno.
- E como são ricas em fibras, são excelentes para o funcionamento do intestino.

1 xícara de couve-flor
(25 calorias)

- Outro membro importante da família das crucíferas que auxiliam no combate de alguns tipos de câncer.
- A couve-flor auxilia no combate a infecções resistentes (é uma boa fonte de vitamina C).

1 xícara de moranga
(30 calorias)

- A moranga ajuda a garantir um coração saudável, pois é rica em potássio.
- Sua coloração alaranjada é sinal de que ela é uma fonte abundante de betacaroteno, que dá viço à pele, aguça a visão e faz bem para a saúde em geral.

1 xícara de ervilhas
(134 calorias)

- As ervilhas contêm folato, que garante a saúde geral do coração.
- Elas ainda são uma boa fonte de fibras solúveis e insolúveis, que ajudam a manter os níveis de glicose no sangue das crianças e facilitam a digestão.

1 xícara de pimentão vermelho
(39 calorias)

- O pimentão vermelho é a melhor maneira de oferecer vitamina C para o seu filho, no combate a infecções e na cicatrização de cortes e arranhões.
- E graças a sua linda e rica coloração vermelha, eles são ricos em vários antioxidantes que protegem as células do corpo todo.

1 xícara de espinafre cozido *(40 calorias)*

- O espinafre é a melhor fonte de ácido fólico, que ajuda o crescimento e o funcionamento das células de todo o corpo.
- É ainda uma incrível proteína não-animal, rica em ferro, que transporta o oxigênio pelo organismo, fornecendo a energia necessária aos músculos.
- O espinafre também ajuda a regular a taxa de glicose e beneficia o coração do seu filho, pois é rico em magnésio e potássio.

1 xícara de abobrinha italiana ou brasileira *(20 calorias)*

- Ambas as variedades de abobrinha garantem o brilho da pele, pois fornecem vitamina C.
- O antioxidante chamado luteína na abobrinha brasileira beneficia a saúde ocular das crianças.

1 batata-doce-pequena *(112 calorias)*

- Elas ajudam a controlar a glicose no sangue, fornecendo fibras solúveis.
- Beneficiam a pele, os olhos e a boa saúde, pois são ricos em betacaroteno e outros antioxidantes.

Joy: *Cozinhar os vegetais em muita água destrói o que há de melhor nos legumes e verduras. As vitaminas hidrossolúveis (principalmente a vitamina C) se esvaem na água e podem ser desperdiçadas. Cozinhar no vapor, no microondas e assar são mais indicados do que cozinhar na água. Cozinhar demais também reduz o valor nutritivo, portanto, cozinhe os vegetais somente até ficarem macios.*

O QUE HÁ NAQUELA FRUTA?

1 maçã
(80 calorias)

- As maçãs ajudam a prevenir danos às células sadias, pois são ricas em antioxidantes – principalmente a casca da maçã vermelha, logo, nada de descascá-las!
- E ainda são ricas em fibras solúveis, que ajudam a regular a glicemia.

1 banana
(105 calorias)

- Bananas ajudam a regular a pressão arterial das crianças e a manter a saúde cardíaca (elas contêm mais potássio que as demais frutas e tanto quanto muitas hortaliças).
- Elas ainda auxiliam na produção de hormônios e enzimas importantes, e ajudam a manter a mente jovem aguçada, já que são uma boa tonte de vitamina B6.

1 xícara de mirtilo
(84 calorias)

- O mirtilo está entre as melhores frutas para proteger as células saudáveis. Estudos revelaram que elas contêm grande quantidade de antioxidantes (que reduzem o colesterol, estimulam a memória e combatem alguns tipos de câncer).
E também são ótimos para facilitar a digestão, pois fornecem uma boa quantia de fibras solúveis.

1 xícara de melão-cantalupo *(54 calorias)*

- Essa variedade de melão é excelente para a visão e a saúde dos olhos do seu filho – sua tonalidade alaranjada indica a presença de betacaroteno.
- Ele é ótimo para ajudar na cicatrização de cortes e arranhões, pois fornece vitamina C para os pequenos.

1 xícara de cerejas
(78 calorias)

- Ao comerem cerejas, seus filhos recebem antioxidantes chamados antocianinas, que contribuem para formar cérebros sadios e combatem alguns tipos de câncer.

1 xícara de abacaxi
(74 calorias)

- O abacaxi estimula a digestão, e reduz a inflamação e o inchaço.
- É também muito útil quando a criança cai e arranha o joelho, pois está repleto de vitamina C.

1 xícara de framboesas
(64 calorias)

- As framboesas são a fonte de fibras insolúveis preferida das crianças.
- E ainda são ricas em antocianina, um antioxidante que estimula o cérebro da garotada e combate alguns tipos de câncer.

1 xícara de morangos
(53 calorias)

- Morangos são eficientes para curar cortes e arranhões, e manter o viço da pele – é a fruta vermelha com maior quantidade de vitamina C.
- E como as demais frutas vermelhas e a cereja, eles são ricos em antocianina, que estimula a saúde do cérebro e combate alguns cânceres.

Joy: *Importantes nutrientes presentes em frutas e hortaliças são as vitaminas, minerais, fibras e fitonutrientes (composto vegetal natural que combatem doenças e estimulam a saúde, como o licopeno, as anticianinas e a luteína). Frutas, verduras e legumes de coloração intensa, como beterraba, cenouras e frutas vermelhas, são os exemplos mais típicos. Portanto, coma a vontade!*

AS RECEITAS

CAFÉ DA MANHÃ

French Toast (rabanadas)

(COM BANANA OU ABACAXI OU BATATA-DOCE OU ABÓBORA OU CENOURA OU ABÓBORA-MENINA)

Algumas crianças ficam desconfiadas com os "pontinhos" no pão integral, e salpicar açúcar ajuda a camuflar! Um polvilhador para açúcar de confeiteiro foi um dos melhores investimentos que já fiz.

Preparação: 3 minutos • Total: 10 minutos • Serve 4 pessoas

- **4 ovos grandes**
- **2 colheres de sopa de purê de banana ou de abacaxi ou de batata-doce ou de abóbora ou de cenoura ou de abóbora-menina**
- **¼ de colher de chá de canela**
- **4 fatias de pão integral**
- **Manteiga ou margarina para untar**
- **2 colheres de margarina cremosa sem gordura trans**
- **Xarope de milho ou de bordo, açúcar de confeiteiro ou frutas frescas para guarnecer**
- **Semente de linhaça (opcional)**

1 Em uma tigela rasa, bata os ovos, o purê e a canela. Passe as fatias de pão na mistura de ambos os lados, deixando absorver por trinta segundos a um minuto (mais tempo que isso, o pão ficaria encharcado).

2 Unte uma frigideira com óleo ou margarina e leve para aquecer em fogo médio. Quando estiver quente, acrescente a margarina restante. Deixe aquecer por mais uns instantes, então coloque as fatias de pão molhadas (se quiser, polvilhe com semente de linhaça) e deixe cozinhar até que fiquem douradas, de 2 a 3 minutos de cada lado. Sirva quente acompanhado de xarope de bordo, açúcar de confeiteiro ou frutas.

Sascha: *Mesmo que eu esteja atrasada para a escola, minha mãe prepara isso todo dia no café da manhã. É rapidinho.*

Muffins de Maçã

(COM ABÓBORA-MENINA OU CENOURA)

Impossível resistir à cobertura de farofa crocante desses muffins

Tempo de preparo: 20 minutos • Total: 40 minutos • Rende 12 muffins

- **Manteiga ou margarina para untar**

COBERTURA

- **2/3 de xícara de flocos de aveia**
- **1/4 de xícara de açúcar mascavo escuro, bem compactado**
- **1 colher de chá de canela**
- **2 colheres de sopa de margarina cremosa sem gordura trans, derretida**

MASSA

- **1 1/2 xícara de farinha de trigo comum**
- **1 xícara de aveia em flocos**
- **1 colher de chá de fermento em pó**
- **1/2 colher de chá de bicarbonato de sódio**
- **1/2 colher de canela**
- **1 xícara de suco de maçã concentrado sem açúcar**
- **1/2 xícara de leite desnatado**
- **1/2 xícara de purê de abóbora-menina ou de cenoura**
- **1/2 xícara de açúcar mascavo claro ou escuro, bem compactado**
- **1/4 de xícara de óleo de canola ou outro vegetal**
- **1 ovo grande**

1 Pré-aqueça o forno a 200 °C. Unte uma assadeira para doze muffins ou forre com forminhas de papel.

2 Para fazer a cobertura, misture em uma tigela a aveia, o açúcar e a canela. Junte a margarina.

3 Para a massa, misture a farinha, a aveia, o fermento, o bicarbonato de sódio e a canela em uma tigela grande ou saco plástico e mexa ou agite. Em uma segunda tigela, misture o suco de maçã concentrado com o leite, o purê de vegetal, o açúcar, o óleo e o ovo, mexendo com uma colher de pau. Junte a mistura seca delicadamente, mexendo até incorporar. Não bata demais, a massa deve ficar com pelotes.

4 Divida a massa igualmente nas forminhas de muffin, e cubra com a farofinha preparada anteriormente. Asse, por 18 a 20 minutos, até que a cobertura fique morena e que o palito saia limpo ao espetar os bolinhos. Vire os muffins sobre uma grelha para esfriar. Sirva frio ou morno.

Dizendo Não, com Jeitinho

DIZER "NÃO" ensina as crianças que o mundo está repleto de limites necessários, e constrói uma relação de confiança entre você e seu filho. Quando meus filhos argumentam que os amiguinhos comem coisas que considero "porcarias", procuro responder de maneira franca e honesta, mas firme e compassiva. Por exemplo: "Sei que vocês devem estar desapontados com os cereais em nossa casa, mas comer cereais cheios de açúcar não faz bem para os seus dentes nem para o seu organismo".

Com o tempo, eu formulei algumas regrinhas básicas (embora, é claro, toda família tenha suas próprias regras):

1 Tento não ser ambivalente nem me desculpar por minhas regras.

2 Sempre explico minhas razões.

3 Explico que as outras famílias comem de maneira diferente, e que cada casa tem regras diferentes. Algumas fazem as crianças felizes, outras, aborrecidas; mas as regras são formuladas para garantir a saúde e a segurança dos filhos.

4 Entendo os sentimentos deles, mas não cedo. Sinto que isso lhes dá mais segurança, e confirma a credibilidade e consistência.

Ovos Mexidos

(COM COUVE-FLOR)

O purê de couve-flor simplesmente derrete nos ovos fofos

Tempo de preparo: 3 minutos • Total: 6 minutos • Serve 2

- **2 ovos grandes**
- **4 claras grandes**
- **¼ de xícara de sour cream (pode ser substituído por coalhada)**
- **½ xícara de purê de couve-flor**
- **2 colheres de sopa de parmesão ralado**
- **Uma pitada de sal**
- **Óleo ou margarina para untar**
- **1 colher de sopa de azeite de oliva**

1 Em uma tigela grande, bata junto os ovos inteiros, as claras, o sour cream, o purê de couve-flor, o parmesão e o sal.

2 Unte uma frigideira, e leve-a para aquecer em fogo médio-alto. Quando estiver quente, acrescente o azeite. Coloque a mistura de ovos, abaixe o fogo e cozinhe, mexendo de vez em quando com uma espátula de silicone, por 2 a 3 minutos, até que os ovos estejam firmes e ainda úmidos.

Joy: *A couve-flor disfarçada fornece à criança metade de suas necessidades diárias de vitamina C. Com mais de 19 gramas de proteínas por porção, esses ovos mexidos são mais que nutritivos!*

Banana Bread

(COM COUVE-FLOR)

Toda hora é hora para essa delícia – meus filhos adoram no café da manhã, no lanche ou como sobremesa. Caso não tenha purê de couve-flor, coloque uma banana a mais. E para deixá-lo ainda mais especial, polvilhe a massa com a farofa de açúcar e manteiga da página 50.

Tempo de preparo: 10 minutos • Total: 70 minutos • Rende uma fôrma de bolo

- **Manteiga ou margarina para untar**
- **¾ de xícara de farinha de trigo integral**
- **½ xícara de farinha de trigo comum**
- **½ colher de chá de fermento em pó**
- **¼ de colher de chá de bicarbonato de sódio**
- **½ colher de chá de sal**
- **½ colher de chá de canela (opcional)**
- **½ xícara de açúcar mascavo claro ou escuro bem compactado**
- **¼ de xícara de óleo de canola ou outro vegetal**
- **2 claras**
- **1 ½ xícara de purê de banana**
- **½ xícara de purê de couve-flor**
- **1 colher de chá de extrato de baunilha**

1 Pré-aqueça o forno a 180 °C. Unte uma fôrma grande de bolo inglês (ou duas pequenas).

2 Em uma tigela ou saquinho hermético misture as farinhas com o fermento, o bicarbonato e a canela (se for usar). Separe.

3 Em uma tigela grande, misture o açúcar e o óleo e bata com uma colher de madeira até ficar uniforme. Acrescente as claras, os purês de banana e de couve-flor e a baunilha. Junte a mistura de ingredientes secos e bata bem.

4 Despeje a massa na fôrma. Leve para assar por 55 a 60 minutos, para a fôrma maior, ou de 25 a 30 minutos em fôrma pequena, até que ao espetar o centro da massa com um palito ele saia limpo. Deixe esfriar sobre uma grelha por 5 minutos antes de desenformar. Sirva frio.

Julian: *Eu gosto disso com pasta de amendoim. Hum!*

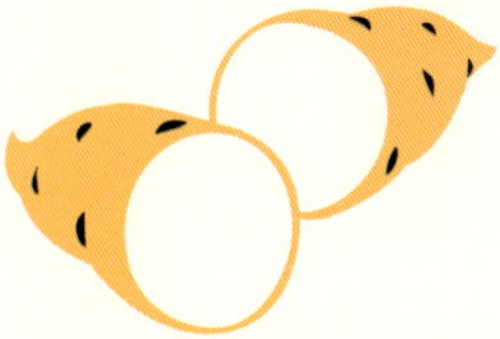

Panquecas Americanas

(COM BATATA-DOCE)

O purê de batata-doce ajuda a deixar mais doce e nutritiva essa simples e rápida receita para o café da manhã.

Tempo de Preparo: 3 minutos • Total: 6 a 10 minutos • Porções 4

- **1 xícara de água**
- **½ xícara de purê de batata-doce**
- **¼ de colher de chá de canela ou especiarias (opcional)**
- **1 xícara de mistura para panqueca**
- **Óleo ou margarina para untar**
- **1 colher de sopa de óleo de canola ou outro vegetal**
- **Xarope de bordo, de milho ou mel para acompanhar**

1 Em uma tigela grande misture a água, o purê de batata-doce e a canela ou as especiarias (opcional). Junte a mistura para panqueca e misture bem – a massa deve ficar pastosa, não muito grossa.

2 Unte o fundo de uma frigideira ou chapa e leve-a ao fogo médio-alto. Quando estiver quente, junte o óleo e coloque a massa às colheradas. Use ¼ da massa para cada porção.

3 Cozinhe até formar bolhas, por 2 a 3 minutos. Com uma espátula, vire a panqueca de lado e deixe cozinhar até dourar, por mais 2 a 3 minutos.

Sascha: *Minha mãe prepara a massa de panqueca à noite e guarda na geladeira para usar no café da manhã.*

Muffins de Banana e Amendoim

(COM CENOURA OU COUVE-FLOR E BANANA)

Descobri que, juntando metade do açúcar mascavo no final da receitas, forma-se uma crosta deliciosa sobre os muffins.

Tempo de preparo: 10 minutos • Total: 35 minutos • Rende 12 unidades • Pode ser embalado

- **Manteiga ou margarina para untar**
- **1 xícara de açúcar mascavo claro ou escuro bem compactado**
- **½ xícara de pasta de amendoim pura**
- **½ xícara de purê de cenoura ou de couve-flor**
- **½ xícara de purê de banana**
- **Clara de 1 ovo grande**
- **1 xícara de farinha de trigo integral**
- **1 colher de chá de fermento em pó**
- **1 colher de chá de bicarbonato de sódio**
- **½ colher de chá de sal**

1 Pré-aqueça o forno a 180 °C. Unte uma fôrma para 12 bolinhos ou forre-a com forminhas de papel.

2 Em uma tigela grande misture ½ xícara de açúcar mascavo com a pasta de amendoim, os purês de banana e de legumes, e a clara. Bata bem com uma colher de madeira.

3 Junte a farinha, o fermento, o bicarbonato e o sal em uma tigela ou um saquinho hermético, agite ou misture. Acrescente o conteúdo à massa de pasta de amendoim e misture. (A massa deve ficar encorpada – não bata em excesso). Acrescente o restante do açúcar mascavo e mexa grosseiramente.

4 Divida a massa entre as forminhas de bolinho (muffin) e asse por 15 a 20 minutos até ficarem levemente dourados. Teste espetando um palito, que deve sair limpo. Vire os bolinho (muffin) sobre uma grelha para esfriar.

5 Conserve em um recipiente fechado, em temperatura ambiente por até dois dias; ou embale individualmente e congele no freezer por até um mês.

AS (OUTRAS) MÃES CONHECEM BEM

(PARTE 1)

"O James diz que primeiro dará uma lambida, para saber se gostará do que irá comer. Depois, ele afirma que ajudaria se tivesse um brinquedinho sobre a mesa, na hora de experimentar algo novo. Por fim, se um adulto assegura que irá gostar, ele prova. Também percebi que quando ele está na casa de algum conhecido ou de um amiguinho, e o amigo vai comer algo que ele repudiou em nossa casa – tipo beber leite no jantar – ele vai passar a gostar, só para se parecer com o amiguinho."

– *Sarah, Nova York*

MÃE DE JAMES, DE 4 ANOS

"É assim que faço para o Charlie comer uma sobremesa saudável de iogurte: deixo que ela salpique uma boa porção de granulados. Ela adora. Na verdade, é possivelmente o que mais me pede para comer."

– *Kate, Los Angeles*

MÃE DE CHARLIE, DE 3 ANOS

"Minhas filhas comem brócolis com queijo derretido e talos de salsão com cream-cheese. Espetinhos de frutas fazem o maior sucesso – uso palitos longos para espetar morangos, uvas, framboesas e pedaços de abacaxi, que elas mergulham no iogurte de morango. Elas também adoram batatas coradas no forno (no azeite) e batatas fritas feitas em casa (com ketchup)".

– *Alexandra, Washington, D.C.*

MÃE DE ELLIOT, DE 5 ANOS, E DE HARPER, DE 2 ANOS

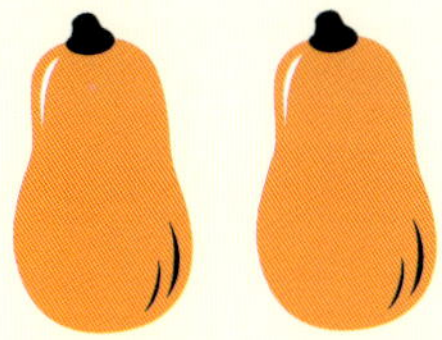

Bolo para o Lanche

(COM ABÓBORA-MENINA)

Essa é uma das nossas receitas favoritas. Eu preparo quando temos visitas nos fins de semana.

Tempo de preparo: 15 minutos • Total: 75 minutos • Rende 10 porções

MASSA

- **Manteiga ou margarina para untar**
- **1 xícara de açúcar mascavo claro ou escuro bem compactado**
- **4 colheres de margarina sem gordura trans**
- **1¼ de xícara de leite desnatado**
- **1 xícara de sour cream ou iogurte desnatado**
- **1 ovo grande**
- **2 colheres de chá de extrato de baunilha**
- **2 xícaras de farinha de trigo integral**
- **2 colheres de chá de fermento em pó**
- **½ colher de chá de canela em pó**
- **½ colher de chá de sal**
- **1 xícara de purê de abóbora-menina**
- **½ xícara de minimarshmallows**

COBERTURA

- **½ xícara de nozes ou nozes pecãs picadas**
- **¼ de xícara de açúcar mascavo bem compactado**
- **2 colheres de chá de canela em pó**

1 Pré-aqueça o forno a 180 °C. Unte uma fôrma de bolo de 22 cm de diâmetro.

2 Em uma tigela grande ou de batedeira bata o açúcar e a margarina até formar um creme. Acrescente uma xícara do leite, o iogurte, o ovo e a baunilha. Junte a farinha, o fermento, a canela e o sal, e bata bem até incorporar tudo.

3 Despeje metade da massa na fôrma e nivele-a. Espalhe o purê de abóbora sobre ela e salpique os marshmallows. Incorpore o leite restante à outra metade da massa e espalhe uniformemente sobre o purê de abóbora.

4 Misture os ingredientes da cobertura e salpique por toda a massa. Asse até testar o centro do bolo com um palito e este sair limpo, após uns 55 a 60 minutos. Deixe esfriar por 5 minutos sobre uma grelha antes de cortar em pedaços.

Ovos Verdes

(COM ESPINAFRE)

Embora verdes, não acredito o quanto meus filhos adoram esses ovos. Esse prato leve dispensa o preparo prévio de purê.

Tempo de preparo: 7 minutos • Total: 35 minutos • Porções 4

- **2 colheres de chá de margarina sem gordura trans**
- **450 g de espinafre bebê lavado e escorrido**
- **3 colheres de sopa de leite desnatado**
- **4 ovos grandes**
- **2 claras (de ovos grandes)**
- **Uma pitada de sal**
- **Óleo ou margarina para untar**
- **Bacon de peru (opcional)**

1 Derreta uma colher de margarina em uma frigideira antiaderente, em fogo médio. Acrescente o espinafre e aumente o fogo. Cozinhe, mexendo de vez em quando, até murchar. A seguir, acrescente o leite e deixe evaporar, de 1 a 2 minutos. Transfira para um processador de legumes e processe. Deixe esfriar por alguns minutos.

2 Em uma tigela grande, bata os ovos e as claras com o purê e o sal.

3 Unte a mesma frigideira com o spray e leve ao fogo médio. Junte a colher de margarina restante e deixe derreter. Despeje a mistura de ovos, reduza o fogo e cozinhe, mexendo de vez em quando, por 2 a 3 minutos.

Sascha: *Oba! Ovos Verdes? Você faz ovo cor-de-rosa da próxima vez?*

Jessica: *Humm, quem sabe... Enquanto isso, vamos ler o livrinho* Ovos verdes e Presunto *do Dr. Seuss!*

Muffins de Geléia e Pasta de Amendoim

(COM PURÊ DE CENOURA)

Não sei quem gosta mais disso, se as crianças ou os adultos.

Tempo de preparo: 10 minutos • Total: 35 minutos • Rende 12 muffins • Pode ser guardado

- **Manteiga ou margarina para untar**
- **½ xícara de pasta de amendoim**
- **½ xícara de purê de cenoura**
- **½ xícara de açúcar mascavo claro ou escuro bem compactado**
- **2 colheres de sopa de margarina sem gordura trans**
- **½ xícara de iogurte natural desnatado**
- **Clara de um ovo grande**
- **1 xícara de farinha de trigo comum**
- **1 colher de chá de fermento em pó**
- **1 colher de chá de bicarbonato de sódio**
- **½ colher de chá de sal**
- **½ xícara de geléia de morango, de mirtilo ou de uva**

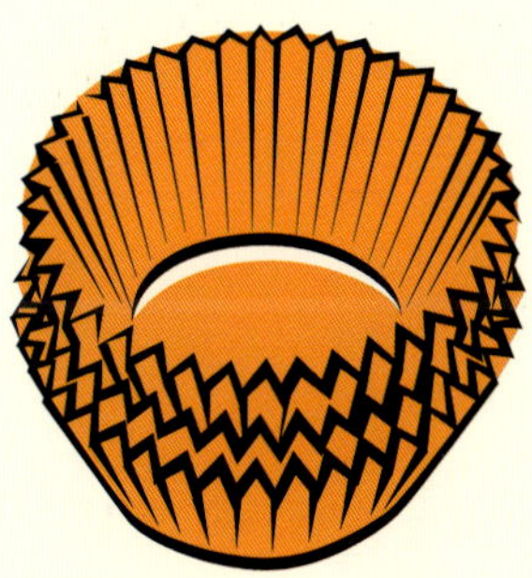

1 Pré-aqueça o forno a 180 °C. Unte uma fôrma para 12 muffins ou forre-a com forminhas de papel.

2 Em uma tigela grande, bata a pasta de amendoim, o purê de cenoura, o açúcar e a margarina, com uma colher de pau, até fazer um creme. Incorpore a clara e o iogurte.

3 Junte a farinha, o fermento, o bicarbonato e o sal. Mexa até a massa ficar uniforme, mas não bata em excesso para não perder a consistência.

4 Divida a massa nas forminhas e coloque uma colher cheia de geléia sobre cada uma.

5 Asse até ficar levemente dourado na superfície, por 20 a 25 minutos. Teste espetando um palito no centro, que deve sair limpo. Deixe esfriar sobre uma grelha.

6 Conserve em um recipiente fechado, em temperatura ambiente por até dois dias; ou embale individualmente e congele no freezer por até um mês.

(foto ilustrativa na parte superior da página seguinte)

Muffins de Mirtilo e Limão

(COM ABÓBORA MADURA)

Encher as forminhas de muffin fica mais fácil com o auxílio de uma colher para sorvete!

Tempo de preparo: 10 minutos • Total: 26 minutos • Rende 12 muffins • Pode ser guardado

- **Margarina ou manteiga para untar**
- **½ xícara de açúcar mascavo claro ou escuro bem compactado**
- **4 colheres de sopa de margarina cremosa, gelada**
- **1 xícara de iogurte desnatado sabor limão**
- **1 xícara de mirtilo**
- **½ xícara de purê de abóbora**
- **1 ovo grande**
- **2 colheres de chá de extrato de limão**
- **1 colher de chá de raspas de limão siciliano**
- **2 xícaras de farinha de trigo comum**
- **¼ de xícara de semente de linhaça**
- **1 colher de chá de fermento em pó**
- **1 colher de chá de bicarbonato de sódio**
- **½ colher de chá de sal**

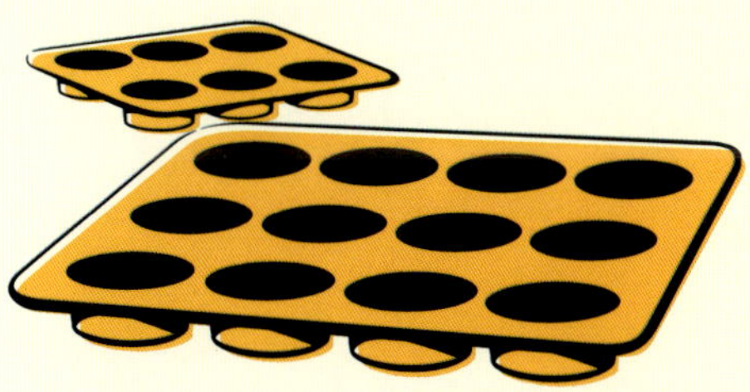

1 Pré-aqueça o forno a 180 °C. Unte uma fôrma para 12 muffins com spray antiaderente ou forre com forminhas de papel.

2 Em uma tigela grande bata o açúcar e a margarina com uma colher de madeira. Junte o iogurte, o mirtilo, o purê de abóbora, os ovos, o extrato e as raspas de limão.

3 Acrescente a farinha, a linhaça, o fermento em pó, o bicarbonato de sódio e o sal. Misture o suficiente para uma massa uniforme, mas não bata em excesso – a massa deve ficar encorpada.

4 Divida a massa entre as forminhas de muffin. Asse até ficarem dourados e depois de testar o centro do bolo com um palito e este sair limpo, após uns 13 a 16 minutos. Desenforme os muffins sobre uma grelha para esfriar.

5 Conserve-os em um recipiente hermeticamente fechado em temperatura ambiente, por até dois dias, ou embale-os um a um e congele-os por até um mês.

(foto ilustrativa na parte de baixo da página anterior)

Suflê de Ovos

(COM ABÓBORA MADURA OU ABÓBORA-MENINA)

Meus filhos adoram esses minissuflês. Eu gosto de assá-los em porções individuais, em pequenos ramequins (ou xícaras de café). Uma unidade equivale a uma refeição completa, seja no café da manhã, almoço ou jantar.

Tempo de preparo: 5 minutos • Total: 20 minutos • Porções 4

- **Manteiga, margarina ou óleo para untar**
- **2 ovos grandes**
- **4 claras**
- **½ xícara de purê de abóbora ou abóbora-menina**
- **2 colheres de sopa de queijo cheddar light, ralado em ralo grosso**
- **2 colheres de sopa de farinha de trigo comum**
- **½ colher de chá de fermento em pó**
- **¼ de colher de chá de sal**

1 Pré-aqueça o forno a 200 °C. Unte 4 ramequins ou xícaras de café e coloque-as em uma assadeira.

2 Em uma tigela grande, bata os ovos, as claras e o purê de abóbora, o queijo, a farinha, o fermento em pó e o sal, até ficar uniforme. Divida a mistura entre os ramequins ou xícaras e asse até ultrapassarem a borda e os ovos não mais escorram ao espetar o centro com uma faca, após 13 a 15 minutos. Sirva imediatamente.

Sascha: *Uau, eu ganho uma xícara só para mim? Legal!*

Julian: *O meu tá mais fofinho que o seu.*

Mingau de Aveia

(COM ABÓBORA OU BATATA-DOCE)

Também é possível preparar essa receita no microondas para um café da manhã suculento, mas saudável. Misture os ingredientes em uma tigela própria para uso em forno de microondas e cozinhe por dois minutos.

Tempo de preparo: 10 minutos • Total: 13 minutos • Porções 2

- **1 xícara de leite desnatado**
- **¼ de xícara de açúcar mascavo claro ou escuro bem compactado**
- **¼ de xícara de purê de abóbora ou de batata-doce**
- **1 colher de chá de extrato de baunilha (opcional)**
- **¼ de colher de chá de canela ou especiarias**
- **1 xícara de aveia em flocos**
- **2 colheres de chá de pasta de amendoim (opcional)**
- **Frutas secas e castanhas ou nozes (opcional)**
- **Xarope de bordo para acompanhar**

1 Em uma panela pequena junte o leite, o açúcar, a abóbora, a baunilha, e os temperos, se optou por usá-los. Quando abrir fervura, junte a aveia. Reduza o fogo e cozinhe por 2 a 3 minutos, até que a aveia se torne macia e cremosa. Nesse ponto, pode-se acrescentar a pasta de amendoim.

2 Coloque o mingau em tigelas individuais, e salpique com as frutas secas e nozes e castanhas. Sirva morno com o xarope de bordo ou de milho.

Variação

Junte duas colheres de sopa de purê de batata-doce a uma xícara de aveia em flocos. Depois acrescente ¼ de xícara de leite desnatado e ¼ de xícara de água. Acrescente canela a gosto e cubra com xarope de bordo ou açúcar mascavo.

Jessica: *As crianças adoram regar sozinhas o xarope de bordo usando copinhos medidores que acompanham a maioria dos remédios infantis.*

REFEIÇÕES

Sopa de almôndegas

(COM CENOURA E BATATA-DOCE)

Essa receita dá uma sensação de aconchego. Se estou sem tempo ou não tenho purês de legumes, eu corto a cenoura e a batata-doce cruas em pedacinhos com o processador – dá certo do mesmo jeito.

Tempo de preparo: 20 minutos • Total: 35 minutos • Rende: 10 porções

- **100 g de macarrão integral (gravatinha ou conchinha)**
- **Manteiga, margarina ou óleo para untar**
- **1 colher de sopa de azeite de oliva**
- **1 cebola pequena picada**
- **2 dentes de alho picados**
- **1 lata de tomates pelados, sem drenar**
- **¼ de xícara de purê de cenoura**
- **1 ½ colher de chá de sal**
- **3 xícaras de caldo de carne ou galinha com baixo teor de sódio**
- **3 fatias de pão integral em cubos**
- **1 ovo grande, ligeiramente batido**
- **¼ de xícara de purê de batata-doce**
- **¼ de xícara de leite desnatado**
- **2 colheres de sopa de parmesão ralado, e extra para servir**
- **¼ de colher de chá de pimenta**
- **¼ de colher de chá de páprica**
- **450 g de carne moída de peru**

1 Cozinhe o macarrão em uma panela grande com água e sal, segundo as instruções da embalagem, al dente. Escorra e reserve.

2 Unte uma panela grande e leve ao fogo médio para aquecer. Acrescente então o azeite, a cebola e o alho. Refogue por três a quatro minutos, até ficarem macios, sem dourar.

3 Bata no liquidificador ou processe os tomates, com seu suco, e o purê de cenouras, depois leve à panela com ½ colher de chá de sal. Acrescente o caldo, abaixe o fogo e deixe ferver por 10 a 15 minutos.

4 Enquanto isso, em uma tigela grande junte o ovo batido, o purê de batata-doce, o leite, o queijo parmesão, 1 colher de chá de sal, a pimenta e a páprica; acrescente o pão até que ele amoleça. Mexa até o pão desmanchar, junte a carne moída e mexa até ficar uniforme. Faça bolinhas pequenas com a massa.

5 Junte as almôndegas à panela e tampe. Deixe cozinhar por 12 a 15 minutos até que as almôndegas estejam completamente cozidas. Junte o macarrão reservado. Polvilhe queijo ralado antes de servir.

Nuggets de Frango

(COM BRÓCOLIS, ESPINAFRE, BATATA-DOCE OU BETERRABA)

Eu não conheço uma criança que não goste de nuggets de frango. Basta não revelar quais os ingredientes secretos!

Tempo de preparo: 10 minutos • Total: 20 minutos • Rende 4 porções • Pode ser guardado

- **1 xícara de farinha de trigo integral ou comum, ou farinha de rosca**
- **½ xícara de linhaça moída**
- **1 colher de sopa de queijo parmesão ralado**
- **½ colher de chá de páprica**
- **½ colher de chá de alho desidratado**
- **½ colher de chá de cebola desidratada**
- **1 xícara de purê de brócolis, espinafre, batata-doce ou beterraba**
- **1 ovo grande ligeiramente batido**
- **450 g de peito de frango ou coxa e sobrecoxa, sem osso e sem pele**
- **½ colher de chá de sal**
- **Manteiga, margarina ou óleo para untar**
- **1 colher de sopa de azeite**

1 Em uma tigela, coloque a farinha, a linhaça, o parmesão, a páprica, o alho e a cebola e misture bem com a ponta dos dedos.

2 Em uma tigela rasa, com um garfo, misture o purê de legumes e o ovo. Coloque-a ao lado da tigela com os ingredientes secos.

3 Lave, seque e corte a carne do frango em pedaços pequenos, depois salpique sal. Mergulhe cada pedaço na mistura de ovos e, depois, passe na mistura de farinha, até ficar totalmente recoberto.

4 Unte uma frigideira grande e leve ao fogo médio-alto para aquecer. Quando estiver quente, acrescente o azeite. Coloque os pedaços de frango, numa única camada, sem encher demais a frigideira. Frite por 3 a 4 minutos, até dourar. Vire o frango, e deixe por mais 4 ou 5 minutos, até ficar crocante e dourado e a carne ficar totalmente cozida. (Corte um nugget ao meio para verificar se está bem cozido.) Sirva quente.

Variações

NUGGETS DE FRANGO À PARMIGIANA

Depois de fritar os nuggets, arranje-os numa assadeira, cubra-os com molho de tomate e ½ xícara de mussarela ralada em ralo grosso. Leve ao forno médio por 10 minutos para derreter o queijo.

NUGGETS DE PEIXE

Substitua a carne de frango por 450 g de salmão, tilápia ou outro pescado, para preparar os nuggets. Prepare como indicado, apenas reduzindo o tempo de cozimento para 2 a 3 minutos de cada lado.

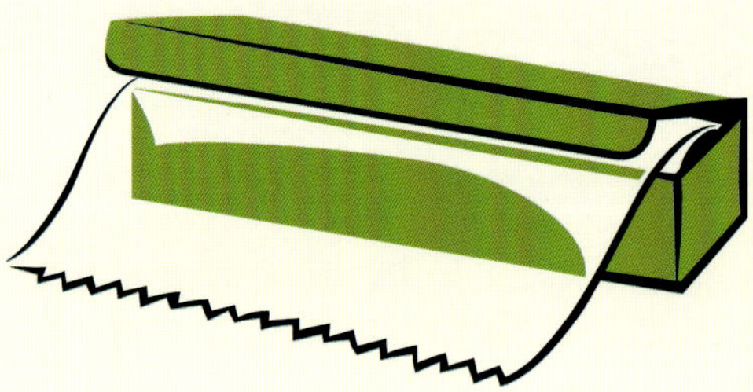

Joy: *Preparando os nuggets com purê de brócolis, seu filho irá ingerir uma quantidade de cálcio equivalente a 400 ml de leite, além de mais de 100% da necessidade diária de vitamina C – muito importante para crianças, pois previne resfriados e ajuda na cicatrização de cortes e arranhões.*

Jantando em Casa

Quando se tem filho pequeno, passamos o tempo todo procurando alternativas para evitar o estresse, o que para mim significa evitar os restaurantes, a todo custo. As refeições devem dar prazer, mas isso é quase impossível quando se está preocupada em não fazer barulho demais, em conseguir manter as crianças sentadas e em catar a comida que elas derrubam no chão. E pior, mesmo em restaurantes com cardápios especiais para criança, é difícil encontrar opções de pratos saudáveis. Em casa, ao menos posso garantir que meus filhos estão se alimentando bem.

É claro que não se deve deixar de freqüentar restaurantes, principalmente quando se está viajando ou em ocasiões especiais. Assim, nessas raras oportunidades quando sair com seus filhos, considere as regrinhas a seguir:

1 Busque ambientes amigáveis para crianças – restaurantes com bancos e separações entre as mesas são ótimas opções.

2 Faça o pedido assim que chegar à mesa – ou o mais rápido possível.

3 Peça a conta logo que chegue a comida. Assim, evitará ficar procurando desesperadamente por um garçom quando a paciência da garotada acabar.

4 Se possível, evite o menu infantil. Os costumeiros cachorro-quente, hambúrguer e queijo quente, em geral, têm gordura em excesso e menos nutrientes que os pratos para adultos, que são ótimos para se dividir entre duas ou mais crianças.

Bolo de Carne Moída Italiano

(COM PURÊ DE CENOURA)

Aqui o processador é ideal para economizar tempo. A cenoura ralada bem fininha funciona tão bem quanto o purê.

Tempo de preparo: 15 minutos • Total: 80–85 minutos • Rende 8 porções • Pode ser guardado

- **Manteiga, margarina ou óleo para untar**
- **1 xícara de pedaços de pão ou torradas temperadas (ao estilo italiano)**
- **½ xícara de leite desnatado**
- **2 colheres de sopa de azeite**
- **½ cebola picadinha**
- **2 talos de aipo picadinhos**
- **450 g de carne de peru moída**
- **½ xícara de queijo parmesão ralado**
- **½ xícara de purê de cenoura**
- **¼ de xícara de ketchup**
- **1 colher de chá de sal**
- **1 pitada de pimenta**
- **1 xícara de molho de tomate pronto**
- **4 fatias de bacon de peru**

1. Pré-aqueça o forno a 180 °C. Unte uma forma de bolo inglês de 22x12 cm.

2. Em uma tigela grande, embeba o pão com leite.

3. Unte uma frigideira com óleo e leve para aquecer em fogo médio-alto. Quando quente, coloque o óleo, e refogue a cebola, mexendo por 7 a 10 minutos. Junte o aipo e refogue por outros 3 a 4 minutos. Junte o refogado à tigela com o pão. Acrescente a carne de peru, o parmesão, o purê de cenoura, o ketchup, o sal e a pimenta. Misture bem.

4. Coloque a mistura na forma, alisando sua superfície. Cubra com o molho de tomate a as fatias de bacon. Asse por 45 a 50 minutos, até o centro do bolo não estar mais rosado e o bacon começar a amorenar. Sirva em fatias.

Julian: *Eu adoro sanduíche de bolo de carne!*

Purê de Batatas

(COM COUVE-FLOR)

Essa receita pode ser preparada com qualquer tipo de batata, mas as variedades próprias para assar rendem um purê mais fofinho!

Tempo de preparo: 5 minutos • Total: 45 minutos • Rende 4 porções

- **450 g de batata para assar, descascadas e em cubos.**
- **1 colher de chá de sal**
- **½ xícara de purê de couve-flor**
- **¼ de xícara de leite**
- **¼ de xícara de iogurte**

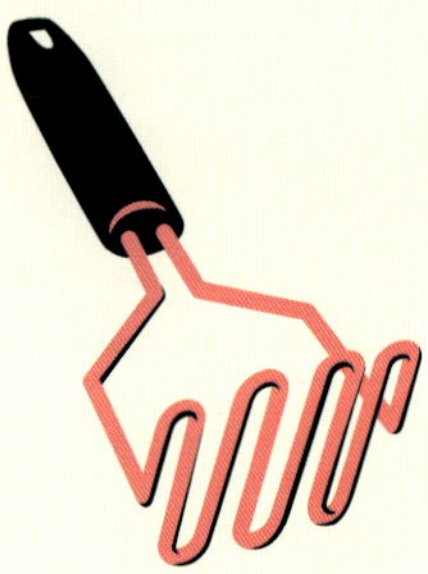

1 Coloque as batatas e o sal em uma panela grande e cubra com água. Leve ao fogo alto até ferver, depois reduza o fogo e cozinhe por 15 a 20 minutos, até ficarem macias quando espetadas com um garfo. (Ou cozinhe no vapor por 30 minutos.) Escorra bem.

2 Amasse as batatas com o garfo ou amassador, junte o purê de couve-flor, o iogurte e o leite. Bata bem com uma colher de pau até ficar uniforme e cremoso.

Shepherd: *Humm... gostoso!*

Mantenha o Horário

EU PROCURO EVITAR as variações de humor e as manhas de fome nos meus filhos me disciplinando ao máximo com relação a horários, como exige a rotina de uma criança. Não é fácil, mas descobri que o humor deles varia menos quando comem na hora certa. Sei como fico quando estou com fome! Assim respeito ao máximo as refeições sempre no mesmo horário todo dia, e asseguro que não haja intervalo superior a 2h30 ou 3 h entre lanches e refeições.

O Horário das Nossas Refeições

Café da Manhã às 7h

Lanche da Manhã às 10h

Almoço às 12h30

Lanche da Tarde às 15h

Jantar às 17h30

Ensopado de Carne

(COM BRÓCOLIS)

Antes de dar às crianças, eu desmancho a carne com uma colher de pau e sirvo tudo misturado sobre o macarrão ou arroz. Para os adultos, deixe a carne em belos pedaços firmes.

Tempo de preparo: 25 minutos • Total: 5h30 • Rende 8 a 10 porções

- **1 cebola média cortada em quatro**
- **2 cenouras médias, em pedaços grandes**
- **2 talos de aipo cortados em pedaços**
- **2 dentes de alho amassados**
- **1, 350 kg de carne de panela em cubos de 2 cm.**
- **⅓ de xícara de farinha de trigo comum**
- **1 colher de chá de sal**
- **¼ de colher de chá de pimenta**
- **Óleo para untar**
- **1 colher de sopa de azeite de oliva**
- **3 xícaras de caldo de carne com redução de sódio**
- **1 lata de tomates picados sem drenar**
- **1 batata grande descascada, em cubos**
- **½ xícara de purê de brócolis**

1 Leve a cebola, a cenoura, o aipo e o alho ao processador de alimentos para que fiquem bem picados. Reserve.

2 Em uma tigela ou saco vedado para alimentos, misture a carne com a farinha, o sal e a pimenta, até recobrir totalmente.

3 Unte uma frigideira grande com óleo e leve para aquecer em fogo médio. Quando esquentar doure metade da carne por três a quatro minutos. Transfira para uma panela grande. Repita a operação com o restante da carne.

4 Agora, refogue o alho, a cebola, a cenoura e o aipo picados na frigideira por 6 a 7 ou até que estejam macios. Junte-os à carne, na panela.

5 Adicione o caldo de carne, os tomates com o suco e o purê de brócolis, tampe e deixe ferver. Então, reduza o fogo e cozinhe por cerca de 4 horas. Junte a batata, e cozinhe por mais 30 a 60 minutos, até que a carne esteja desmanchando.

Salada de Frango

(COM COUVE-FLOR)

As crianças adoram uvas, logo essa receita é ideal para o almoço de toda a família. Economize tempo usando sobras de frango assado e também picando o aipo com o processador.

Tempo de preparo: 20 minutos • Total: 45 minutos • Rende 4

- **2 ovos grandes**
- **450 g de frango (peito ou pedaços) desossado, lavado e seco**
- **1 colher de chá de sal**
- **¼ de colher de chá de pimenta malagueta moída**
- **¼ de colher de chá de páprica doce**
- **¼ de colher de chá de alho desidratado ou em pó**
- **Óleo para untar**
- **1 colher de chá de azeite de oliva**
- **¾ de xícara de maionese light**
- **2 talos de aipo picadinho (± ¾ de xícara)**
- **½ xícara de purê de couve-flor**
- **½ xícara de iogurte natural desnatado**
- **½ xícara de uvas verdes, picadas**

1 Coloque os ovos em uma panelinha e adicione água até cobrir. Cubra, leve ao fogo alto, deixe ferver; então, retire do fogo e deixe descansar, tampada, por 15 minutos. Coloque os ovos sob água corrente e descasque. Separe as gemas e as claras. Pique as claras e despreze as gemas (ou conserve em geladeira para outra receita).

2 Tempere o frango com sal, pimenta, páprica e alho. Unte uma frigideira grande com óleo e leve para aquecer em fogo médio. Quando esquentar, acrescente o azeite e o frango. Se usar em pedaços, doure por 4 a 5 minutos de cada lado, até que não estejam mais rosados no interior. Para o peito, refogue por 5 minutos; reduza o fogo, tampe e cozinhe por mais 9 a 10 minutos. Deixe esfriar um pouco, antes de cortar em pedacinhos.

3 Em uma tigela grande, misture o frango, a maionese, o aipo, o purê de couve-flor, o iogurte, as uvas e a clara de ovo. Sirva quente ou frio.

Bolinhos de Arroz

(COM BATATA-DOCE E ESPINAFRE, OU BRÓCOLI OU ABÓBORA PAULISTA)

Pulverizar esses lindos bolinhos com óleo ou azeite enquanto douram resulta numa crosta deliciosa, como se tivessem sido "fritas em óleo bem quente", só que mais saudáveis. Retirando frango, essa é uma ótima receita vegetariana.

Tempo de preparo: 30 minutos • Total: 40 minutos • Rende 6 a 8 porções (± 40 bolinhos)

- **½ xícara de arroz integral tipo curto (ou 1 xícara de arroz cozido)**
- **Óleo para untar**
- **3 colheres de chá de azeite de oliva**
- **115 g de frango em pedaços, lavados e secos**
- **1 ¼ colher de chá de sal**
- **1 pitada de pimenta**
- **½ xícara de purê de batata-doce**
- **¼ de xícara de queijo cheddar light ralado grosso**
- **¼ de xícara de leite desnatado**
- **1 colher de sopa de margarina líquida**
- **1 ovo grande, ligeiramente batido**
- **½ xícara de purê de espinafre, ou brócolis ou abóbora paulista**
- **1 ½ xícara de bolacha salgada integral moída ou migalhas de pão**

1 Coloque o arroz em uma panela pequena com 1 xícara de água; cubra e deixe ferver. Reduza a fogo mínimo, e cozinhe até o arroz ficar macio por 30 a 40 minutos. Se preferir, cozinhe no vapor.

2 Enquanto isso, junte uma frigideira grande com óleo e leve para aquecer em fogo médio. Quando esquentar, acrescente 1 colher de sopa de óleo. Tempere o frango com ¼ de colher de chá de sal e a pimenta, e doure até não estar mais rosado no centro, por 4 a 5 minutos de cada lado.

3 Corte o frango em pedaços e leve ao liquidificador ou processador de alimentos. Junte o purê de batata-doce, o queijo, 1 colher de chá de sal, o leite e a margarina. Processe até ficar uniforme. Transfira a massa para uma tigela grande e misture o arroz. Faça bolinhos de 2 cm de diâmetro e coloque-os sobre o papel manteiga ou alumínio.

4 Em uma tigela rasa, bata com um grafo o ovo e o purê de legume escolhido. Coloque a bolacha ou as migalhas em outra tigela. Mergulhe os bolinhos, um a um, na mistura de ovos e passe pelo pão, até ficar todo recoberto.

5 Unte uma frigideira grande com óleo e leve para aquecer em fogo médio. Quando esquentar, adicione as duas colheres de azeite restantes. Coloque os bolinhos de arroz e deixe dourar por 5 a 7 minutos, virando sempre e pulverizando com azeite ou óleo vegetal, até ficarem crocantes. Sirva quente.

Minha Programação para o Jantar

DEPOIS DE SOFRER por diversas fases irritantes, quando meus filhos só comiam o macarrão e ignorando completamente as proteínas e verduras e legumes em seu prato, tive a idéia de servir uma seqüência de pratos, para evitar que elas se concentrassem em apenas um alimento, desprezando o resto.

1. **Enquanto estou cozinhando, coloco alimentos crus sobre a mesa, para comer com coalhada seca ou patê grego (p. 123) – as crianças beliscam sem parar.**

2. **Na seqüência, sirvo nuggets de frango, de peixe ou de tofu.**

3. **Quando já comeram um pouco, ofereço legumes e verduras como acompanhamento, como brócolis, cenouras ou ervilhas cozidos no vapor (rezando em silêncio para que eles comam).**
4. **A seguir, vem o arroz ou a massa, que são os alimentos mais aceitos em casa.**

Palitinhos de Mussarela

(COM COUVE-FLOR)

Custo a acreditar que faço palitinhos de mussarela em casa – eles parecem dar um trabalhão. Mas essa receita é tão fácil, e o queijo esconde o purê de couve-flor completamente.

Tempo de preparo: 20 minutos • Total: 45 minutos • Rende 8 palitinhos de mussarela • Sem carne

- **1 xícara de farinha de pão integral**
- **1 colher de sopa de linhaça moída**
- **1 colher de sopa de semente de gergelim (opcional)**
- **1 xícara de mussarela light ralada**
- **½ xícara de purê de couve-flor**
- **1 colher de sopa de amido de milho**
- **Óleo para untar**
- **1 colher de sopa de azeite de oliva**
- **¼ de colher de chá de sal**

1 Em uma tigela, misture a farinha de pão, a linhaça e o gergelim.

2 Em uma segunda tigela maior, misture bem a mussarela, o purê de couve-flor e o amido de milho. Faça rolinhos com 2,5 cm de comprimento, e passe-os delicadamente na farinha de pão. Envolva um a um em papel manteiga ou alumínio e leve ao freezer por vinte minutos.

3 Unte uma frigideira grande com óleo e leve para aquecer em fogo médio. Quando esquentar, adicione o azeite. Disponha os palitos de mussarela na frigideira sem sobrepô-los e deixando espaço entre eles. Frite por 3 a 4 minutos, virando de vez em quando, até dourar por igual. Polvilhe com sal e sirva acompanhado de ketchup.

Joy: *Queijo desnatado é, na verdade, uma fonte de cálcio melhor, por volume, do que o integral, pois a retirada da gordura deixa mais espaço para o laticínio rico em cálcio.*

Ketchup Caseiro

(COM CENOURA)

Toda criança não adora ketchup?

Tempo de preparo: 5 minutos • Total: 25 minutos • Rende 1 xícara

- **1 lata de massa de tomate**
- **½ xícara de purê de cenoura**
- **¼ de xícara de água**
- **2 colheres de sopa de vinagre de maçã**
- **2 dentes de alho picados**
- **1 colher de sopa de açúcar mascavo claro ou escuro (opcional)**
- **½ colher de chá de mostarda seca**
- **¼ de colher de chá de sal**
- **¼ de colher de chá de especiarias moídas**
- **¼ de colher de chá de pimenta chili moída, ou a gosto**

1 Misture bem todos os ingredientes em uma panela grande, e leve ao fogo médio até ferver. Abaixe o fogo e cozinhe até reduzir à metade, por cerca de 15 a 20 minutos. Deixe esfriar antes de servir.

2 Conserve em geladeira em um recipiente hermético por até cinco dias, ou no freezer, em quantidades equivalentes a ¼ de xícaras, em saquinhos tipo ziplock, por até três meses.

(OUTRAS) MÃES SABEM MELHOR

(PARTE 2)

"Quando eu afervento verduras e legumes da Olívia, acrescento um cubinho de caldo de frango orgânico. Eles ficam crocantes e com um gostinho de sal e de frango. Ela adora como eles ficam (e só os come se for assim!). Ou eu tempero os legumes com um pouco de azeite e sal e asso por 15 minutos no forno a 180 °C."

– *Christina, Los Angeles*

MÃE DE OLIVIA, 5 ANOS, E GRIFFIN, 1

"O Jacob adora molho para salada, mas não come verduras de jeito nenhum. Nós lhe damos pepino para comer com o molho (só não me pergunte como ele escolheu o pepino!). Mas sempre dá certo. Ele também gosta de molho de soja, assim, de vez em quando, ele come espinafre refogado com shoyu e bastante limão. O Charlie gosta das flores de brócolis com shoyu, e ambos gostam de maçã com mel."

– *Tina, San Francisco*

MÃE DE JACOB, 8 ANOS, E CHARLIE, 5

"Jackson não come legumes e verduras. Já experimentei passados na manteiga, salteados e até mesmo com um pouco de açúcar mascavo. Nada adiantou. Tenho recorrido aos sucos, que ele bebe sem reclamar. Suco de cenoura feito na hora, batido com maçã e uma beterraba pequena. Mas continuarei oferecendo as hortaliças 'de fato'. E espero que, um dia, ele acabe comendo!"

– *Lorna, Nova York*

MÃE DE JACKSON, 3 ANOS

Espetinhos de Frango Havaianos

(COM BATATA-DOCE E ABACAXI)

Crocante e doce – uma combinação irresistível para crianças. Deixe o coco de fora, caso suas crianças não gostem. No entanto, depois que o frango está cozido, mal se percebe o coco.

Tempo de preparo: 15 minutos • Total: 25 minutos • Rende 4 porções • Pode ser guardado

- **1 xícara de farinha de pão (ou de rosca)**
- **¼ de xícara de linhaça moída**
- **½ xícara de purê de batata-doce**
- **¼ de xícara de purê de abacaxi**
- **1 colher de sopa de molho de soja baixo em sódio**
- **1 gema grande, ligeiramente batida**
- **¼ de xícara de coco ralado sem açúcar**
- **450 g de frango, peito ou sobrecoxa, lavado, seco e cortado em tiras**
- **¼ de colher de chá de sal**
- **2 colheres de sopa de farinha de trigo comum ou integral**
- **Óleo para untar**
- **1 colher de sopa de azeite de oliva**
- **10 a 12 palitos de churrasco**

1 Em uma tigela rasa, misture a farinha de pão e a linhaça. Reserve.

2 Em uma tigela funda, misture os purês de batata-doce e abacaxi, a gema, o molho de soja e o coco com um garfo, e coloque ao lado da mistura de farinha de pão.

3 Espete cada tira de frango em um palito, no sentido do comprimento. Polvilhe ambos os lados do frango com sal e farinha de trigo. Então, mergulhe o frango na mistura de gema e depois passe pela farinha de pão, até ficar totalmente recoberto.

4 Unte uma frigideira grande com óleo e leve para aquecer em fogo médio. Quando esquentar, acrescente o azeite.

5 Arranje os espetinhos, em camada única. Doure de 3 a 4 minutos de um lado, até formar uma casquinha dourada e crocante. (Abaixe o fogo, caso os espetinhos escureçam rápido demais – o coco queima com facilidade.) Vire os espetinhos e deixe fritar por mais 4 a 5 minutos, até dourar por igual e o frango cozinhar por completo.

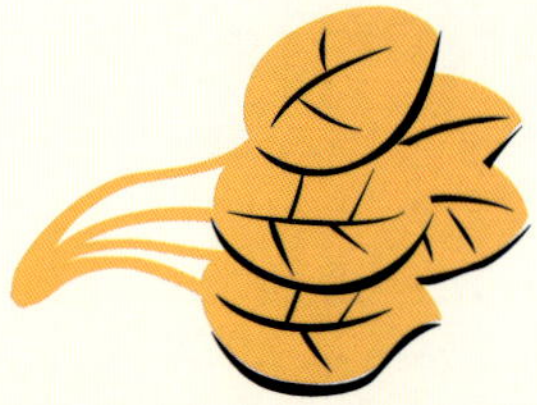

Pizzas de Pão Pita

(COM ESPINAFRE)

Essa receita leva apenas 3 minutos para ser preparada, e meus filhos adoram personalizar sua própria pizza. Às vezes, quando sobra, substituo o molho ao sugo por molho à bolonhesa.

Tempo de preparo: 3 minutos • Total: 18 minutos • Rende 8 minipizzas • Vegetariana

- **8 minipães pita integral**
- **½ xícara de purê de espinafre**
- **2 xícaras de molho de tomate pronto**
- **2 xícaras de mussarela light em fatias finas**

1 Pré-aqueça o forno a 200 °C.

2 Espalhe o purê de espinafre no centro dos pães, deixando uma borda livre de 2 cm. Espalhe o molho de tomate sobre o espinafre, deixando agora uma borda de um centímetro. Por fim, coloque a mussarela, cuidando para recobrir o espinafre por completo.

3 Coloque as pizzas em uma assadeira forrada com papel alumínio, e asse por 5 a 10 minutos, até o queijo derreter. Deixe esfriar por uns 5 minutinhos antes de servir para evitar que o queijo repuxe (e o espinafre fique à mostra).

Joy: *O purê de espinafre nessas pizzas fornece a seu filho uma boa dose de betacaroteno e mais 3 gramas de fibra. O molho de tomate oferece o licopeno (um potente antioxidante que contribui para a saúde em geral).*

Ovos Endiabrados

(COM COUVE-FLOR OU CENOURA)

Essa receita clássica revisitada é tão saborosa quanto a original, só que mais adequada para crianças.

Tempo de preparo: 25 minutos • Rende 6 porções • Pode ser guardado

- **6 ovos grandes**
- **3 colheres de sopa de maionese light**
- **¼ de xícara de purê de couve-flor ou de cenoura**
- **1 pitada de sal**
- **Pimenta e páprica a gosto e na finalização (opcional)**

1 Coloque os ovos em uma panela e cubra com água fria. Leve ao fogo alto, tampe e deixe ferver. Retire a panela imediatamente do fogo, e deixe descansar, sem destampar, por exatos 15 minutos. Escorra, esfrie os ovos em água corrente e descasque.

2 Corte os ovos em metades e retire as gemas. Coloque três gemas em uma tigela, e descarte as demais (ou conserve para outro uso).

3 Junte a maionese, o purê de legume, o sal e a páprica e amasse tudo com um garfo.

4 Recheie as claras com a mistura de gemas.

Julian: *Eu gosto da parte branca.*
Sascha: *Eu gosto da amarela.*
Shepherd: *E eu gosto de tudo.*

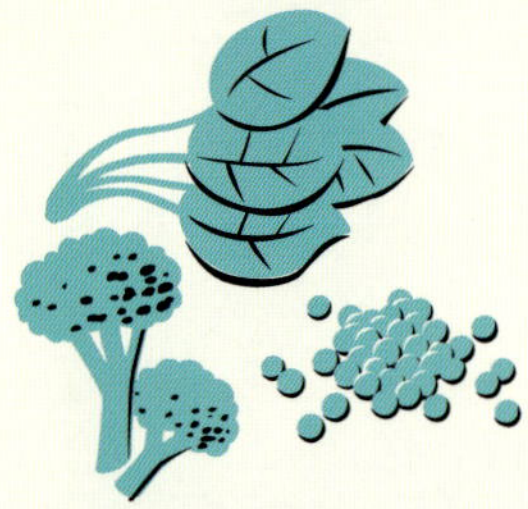

Nuggets de Tofu

(COM ESPINAFRE, BRÓCOLIS OU ERVILHA)

Acha que seus filhos não chegam nem perto de tofu? Quando faço essa receita, meus filhos acham que estão comendo frango ou queijo.

Tempo de preparo: 15 minutos • Total: 25 minutos • Rende 4 porções • Pode ser guardado • Vegetariano

- **1 xícara de farinha de pão (ou de rosca)**
- **1 colher de sopa de linhaça moída**
- **1 colher de sopa de queijo parmesão ralado**
- **½ colher de chá de páprica**
- **1 xícara de purê de espinafre, brócolis ou ervilha**
- **1 ovo grande, ligeiramente batido**
- **1 pcte. de tofu (400 g, extrafirme, prefira com cálcio)**
- **½ colher de chá de sal**
- **Óleo para untar**
- **1 colher de sopa de azeite de oliva**

1 Em uma tigela, misture a farinha de pão, a linhaça, o parmesão e a páprica. Reserve.

2 Em uma tigela rasa, misture o purê de espinafre e o ovo e bata com um garfo. Coloque a mistura ao lado da tigela com ingredientes secos.

3 Corte o tofu em cubos ou use cortadores de biscoito, para formatos variados. Polvilhe ambos os lados com sal. Mergulhe o tofu na mistura de ovo e depois passe cuidadosamente na farinha temperada, para esconder o purê.

4 Unte uma frigideira grande com óleo e leve para aquecer em fogo médio. Quando esquentar, acrescente o azeite.

5 Arranje o tofu aos poucos, sem sobrepô-los (cuidado para não encher demais a frigideira!), e doure por 3 a 4 minutos, e mais 2 a 3 minutos do outro, até ficar crocante e uniforme.

Canja de Galinha com Letrinhas

(COM COUVE-FLOR E BATATA-DOCE)

Tão fácil como abrir uma sopa em lata! Se os seus filhos não gostarem dos pedaços de frango, processe-os antes de juntá-los à sopa – eles não desconfiarão de nada. Aliás, é uma boa receita para usar sobras de frango assado.

Tempo de preparo total: 45 minutos • Rende 8 porções

- **240 ml de caldo de galinha (com redução de sódio)**
- **1 peito de frango (cerca de 220 g), sem pele, lavado e seco**
- **½ colher de chá de sal**
- **½ xícara de macarrão de letrinhas**
- **¼ de xícara de purê de couve-flor**
- **¼ de xícara de purê de batata-doce**

1 Leve o caldo para ferver em uma caçarola. Salgue o peito de frango e coloque-o com cuidado no caldo. Abaixe o fogo, tampe e deixe a carne cozinhar completamente, por 25 a 30 minutos.

2 Retire o frango com uma escumadeira e deixe esfriar por 3 a 4 minutos, para poder manuseá-lo. Desosse a carne (despreze a carcaça), corte em pedaços pequenos e reserve.

3 Ferva novamente o caldo e coloque o macarrão. Junte os purês de batata-doce e couve-flor, mexa, tampe e deixe o macarrão cozinhar. Junte o frango e sirva quente.

Joy: *Os purês de batata-doce e de couve-flor fornecem vitaminas A e C – benéficas para a visão, para a pele e para o sistema imunológico.*

Macarrão com Queijo 1

(COM ABÓBORA PAULISTA OU COUVE-FLOR)

Eu coloco uma caixa de macarrão com queijo comprada no supermercado sobre a bancada da cozinha, e meus filhos naturalmente pensam...

Tempo de preparo: 5 minutos • Total: 25 minutos • Rende 4 porções • Pode ser guardado

- **1 ½ xícara de macarrão (penne pequeno ou rigatinni)**
- **Óleo para untar**
- **1 colher de sopa de azeite de oliva**
- **1 colher de sopa de farinha de trigo comum**
- **½ xícara de leite desnatado**
- **½ xícara de purê de abóbora paulista ou de couve-flore**
- **1½ xícara de queijo cheddar light ralado grosso**
- **110 g (quase ¼ de xícara) de cream cheese light**
- **½ colher de chá de sal**
- **½ colher de chá de páprica**
- **1 pitada de pimenta-do-reino**

1 Leve uma panela grande com água para ferver, coloque o macarrão e siga as instruções do pacote até ficar al dente. Escorra.

2 Enquanto o macarrão cozinha, unte uma frigideira grande com óleo e leve para aquecer em fogo médio. Acrescente o azeite e a farinha, e cozinhe por 1 a 2 minutos, mexendo sem parar, até obter uma massa espessa, mas não deixe escurecer.

3 Junte o leite aos poucos, mexendo sempre, por 3 a 4 minutos, até engrossar. Junte o purê de legumes, o cheddar, o cream cheese e os temperos. Mexa e cozinhe até o queijo derreter e o molho ficar cremoso e uniforme. Junte o macarrão, misture e sirva quente.

Joy: *Essa é uma excelente fonte de cálcio: uma porção fornece a quantidade diária recomendada – o equivalente a um copo de leite. E como ela leva queijo magro, as crianças ingerem o cálcio sem consumir gorduras saturadas, como nas receitas tradicionais.*

Prepare um Lanchinho

SEI QUE PODE PARECER exagero, mas quando meus filhos vão brincar com os amiguinhos, eu mando um lanche em dose dupla. É uma questão de autopreservação. Quase sempre as crianças voltavam irritadas para casa, ou porque comiam doces demais, ou por não ter comido nada. Atualmente, peço que eles me sugiram um lanchinho que irá agradar ao amiguinho em questão. Deixo que escolham também a lancheira que mais lhes agradar na ocasião (eles gostam também de pintar e colocar adesivos em saquinhos de lanche de papel), e juntos embalamos uma porção de guloseimas. E olha que a lancheira sempre volta vazia!

ALGUNS DOS LANCHES PREFERIDOS DA MINHA FAMÍLIA:

- ***Fatias de maçã salpicadas de suco de limão (para não oxidarem)***
- ***Palitinhos de mussarela ou de cheddar***
- ***Muffins saudáveis (págs. 50, 58, 61, 63)***
- ***Palitinhos de cenoura ou de pepino***
- ***Banana bread (p. 54)***
- ***Cookies de chocolate chips (p. 177)***

MEUS AMIGOS QUE TÊM FILHOS CONCORDAM COM:

- ***Bolachinhas com cheddar light***
- ***Rolinhos de fatias de queijo ou de peito de peru light***
- ***Uvas passas e outras frutas secas misturadas com semente de girassol***
- ***Cereal de milho orgânico***
- ***Fatias de pepino japonês com sal***
- ***Pistache e nozes***
- ***Melancia em cubos***
- ***Granola orgânico***
- ***Pasta de amendoim(com fatias de maçã ou de banana)***
- ***Uvas congeladas***
- ***Soja torrada***
- ***Chips de legumes e verduras***
- ***Cereais matinais multigrãos sabor mel ou de milho***
- ***Iogurtes light (congele-os para evitar que vazem)***
- ***Cascas de frutas orgânicas (sem corantes e sem adição de açúcar)***
- ***Barrinhas de figo integrais***
- ***Pretzels de aveia***
- ***Waffles de trigo integral congelados***
- ***Bolachas salgadas light***
- ***Torradinhas de pão pita***

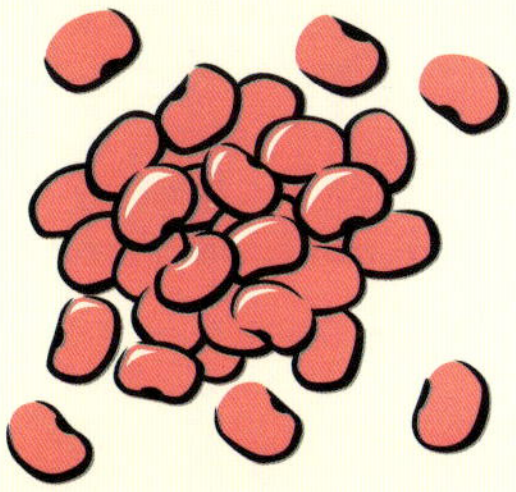

Macarrão com Queijo 2

(COM FEIJÃO)

Seja qual for a variedade de feijão cozido ou em lata que você tiver à mão – grão-de-bico, feijão jalo ou branco –, o resultado será um prato tradicional mais rico em proteínas. Para ficar ainda mais nutritivo, junte ½ xícara de purê de couve-flor ao queijo.

Tempo de preparo: 5 minutos • Total: 25 minutos • Rende 8 porções • Pode ser guardado • Vegetariano

- **1 ½ xícara de macarrão penne pequeno ou rigatinni**
- **1 xícara de leite desnatado**
- **½ xícara de feijão cozido ou enlatado escorrido e amassado**
- **Óleo para untar**
- **1 ½ xícara de queijo cheddar light picado (± 400 g)**
- **½ colher de chá de sal**
- **1 pitada de alho desidratado**
- **1 pitada de páprica**
- **1 pitada de pimenta**

1 Leve um caldeirão ao fogo com água e sal para ferver. Coloque o macarrão e cozinhe segundo as instruções do pacote, até ficar al dente. Escorra.

2 Enquanto o macarrão cozinha, escorra os feijões, misture com o leite e faça um purê no liquidificador ou processador de alimentos.

3 Unte uma panela grande com óleo e leve para aquecer em fogo médio. Junte o purê de feijão e cozinhe, mexendo de vez em quando, por 1 a 2 minutos. Junte o queijo e deixe cozinhar, até ficar totalmente derretido e cremoso, por mais 1 ou 2 minutos. Coloque o sal, o alho, a páprica e a pimenta. Junte o macarrão escorrido. Sirva quente.

Jerry: *Nem parece que tem feijão aqui. Que delícia!*

Macarrão na Manteiga

(COM ABÓBORA)

Um simples macarrão na manteiga deixa qualquer criança feliz. Nesta versão, eles também comerão legumes.

Tempo de preparo: 5 minutos • Total: 25 minutos • Rende 4 porções • Vegetariano

- **250 g de macarrão integral, espaguete ou cabelo-de-anjo**
- **½ xícara de purê de abóbora madura**
- **¼ de xícara de leite desnatado**
- **2 colheres de sopa de margarina cremosa livre de gordura trans**
- **2 colheres de sopa de parmesão ralado**
- **¼ de colher de chá de sal**

1 Leve um caldeirão ao fogo com água e sal para ferver. Coloque o macarrão e cozinhe segundo as instruções do pacote, até ficar al dente.

2 Escorra e coloque o macarrão de volta na panela ainda quente. Junte o purê de abóbora (quanto mais cremoso, melhor), o leite, a margarina, o parmesão e o sal.

Jessica: *Para economizar tempo, enquanto o macarrão cozinha, coloque na mesma água os legumes que servirão como acompanhamento, como cenouras, brócolis ou vagens.*

Hambúrgueres 1

(COM COUVE-FLOR OU CENOURA)

Se estiver com pressa, deixe o purê de lado e apenas pique a couve-flor ou a cenoura no processador.

Tempo de preparo: 10 minutos • Total: 20 minutos • Rende 8 hambúrgueres, serve 4 pessoas

- **450 g de carne moída magra de vaca ou de peru**
- **½ xícara de farinha de pão**
- **½ xícara de purê de couve-flor ou de cenoura**
- **¼ de xícara de leite desnatado**
- **2 colheres de sopa de molho de soja**
- **2 dentes de alho picados**
- **1 pitada de pimenta**
- **Óleo para untar**
- **1 colher de sopa de azeite de oliva**
- **8 pães de hambúrguer integrais, ou quatro fatias de pão integral, para servir**

1 Pré-aqueça o forno a 200 °C.

2 Em uma tigela grande, misture com uma colher de madeira a carne, a farinha de pão, o purê de legume, o leite, o molho de soja, o alho e a pimenta. A massa deve ficar úmida. Modele os oito hambúrgueres e deixe descansar sobre papel manteiga ou alumínio.

3 Unte uma frigideira grande com óleo e leve para aquecer em fogo médio. Quando esquentar, junte o azeite. Frite os hambúrgueres, de 4 a 5 minutos de cada lado, até que fiquem bem morenos e estejam completamente cozidos no centro. Sirva sobre o pão.

Sascha: Shepherd não gosta de carne, então ele não vai querer. A gente adora, né Julian?

Julian: E como!

Salada de Atum

(COM COUVE-FLOR)

Embora essa receita ficasse ótima servida sobre folhas de alface, meus filhos teriam um chilique se eu fizesse isso. Então, eu sirvo a eles com pão integral, ou recheando um pão pita.

Tempo de preparo: 5–8 minutos • Rende 4 porções

- **2 latas de atum light (na salmoura)**
- **½ xícara de purê de couve-flor**
- **¼ de xícara de maionese light**
- **2 talos de aipo picadinhos ou ralado (± ¾ de xíc.)**
- **¼ de xícara de pimenta chili em pó, ou a gosto**
- **¼ de xícara de páprica**
- **¼ de xícara de alho desidratado**
- **¼ de colher de chá de sal, ou a gosto**
- **1 pitada de pimenta**

1 Escorra bem o atum, transfira para uma tigela e amasse com um garfo.

2 Misture a maionese e o purê de couve-flor. Junte o aipo e os temperos.

Joy: *Uma porção desta salada fornece 21 gramas de proteína magra de boa qualidade, e uma boa quantidade de vitamina B (importante para o sistema imunológico). Mas evite usar o atum branco, pois está comprovado que ele contém índices elevados de mercúrio.*

Hambúrgueres 2

(COM COGUMELOS E ABOBRINHA)

Se não encontrar pão de hambúrguer integral, use um copo para cortar fatias de pão de forma integral. E ganhe tempo picando a abobrinha e os cogumelos no processador de alimentos.

Tempo de preparo: 15 minutos • Total: 35 minutos • Rende 16 hambúrgueres pequenos

- **450 g de carne moída magra de vaca ou de peru**
- **225 g de champignons (cozidos no vapor) ou cogumelo shiitake, aparados e picadinhos**
- **1 xícara de farinha de pão integral ou italiano**
- **¼ de xícara de abobrinha picadinha**
- **1 colher de sopa de molho inglês**
- **2 colheres de sopa de ketchup**
- **½ colher de chá de sal**
- **1 pitada de pimenta**
- **Óleo para untar**
- **1 colher de sopa de azeite de oliva**
- **16 pães de hambúrguer integrais, para servir**

1 Pré-aqueça o forno a 200 °C.

2 Em uma tigela grande, misture bem a carne, a farinha de pão, os cogumelos, a abobrinha, o molho inglês, o ketchup, o sal e a pimenta. O resultado é uma massa úmida. Modele os 16 hambúrgueres e deixe descansar sobre papel manteiga ou alumínio.

3 Unte uma frigideira grande com óleo e leve para aquecer em fogo médio. Quando estiver quente, junte o azeite e frite os hambúrgueres, de 4 a 5 minutos de cada lado, até que fiquem bem fritos e estejam completamente cozidos no centro. Sirva sobre o pão.

Jerry: *Eu nem pergunto o que vai nisso aqui!*

Torta de Espaguete

(COM BRÓCOLIS E CENOURA)

Essa é uma receita ideal para aproveitar o macarrão que sobrou do jantar do dia anterior.

Tempo de preparo: 20 minutos • Total: 45 minutos • Rende 8 a 10 porções

- **Óleo para untar**
- **100 g de macarrão integral, espaguete ou cabelo-de-anjo (ou 1 xíc. de sobra de macarrão cozido)**
- **225 g de carne moída magra de vaca ou de peru**
- **½ xícara de purê de brócolis**
- **Clara de um ovo grande**
- **2 colheres de sopa de queijo parmesão ralado**
- **2 dentes de alho picados**
- **2 xícaras de molho de tomate pronto**
- **1 xícara de queijo cottage**
- **¼ de xícara de purê de cenoura**
- **½ colher de chá de sal**
- **¼ de colher de chá de pimenta**
- **1 xícara de queijo mussarela ralado grosso**

1 Pré-aqueça o forno a 180 °C. Unte uma forma de torta de 22 cm de diâmetro.

2 Leve uma panela grande de água e sal para ferver, e acrescente o macarrão. Cozinhe seguindo as instruções do rótulo, até ficar al dente. Escorra. (Caso use sobras de macarrão, ignore essa etapa.)

3 Em uma tigela pequena, misture a carne moída, o purê de brócolis, a clara, o parmesão e o alho. Faça bolinhas de dois centímetros de diâmetro.

4 Em uma tigela grande, misture o macarrão cozido, o molho de tomate, o queijo cottage, o purê de cenoura, o sal e a pimenta. Transfira a mistura para a forma de torta e alise a superfície. Espalhe os bolinhos de carne sobre a torta e salpique com mussarela. Asse por 25 a 30 minutos, até que o centro esteja firme.

Sascha: *Parece pizza, mas é feito de espaguete.*

Julian: *A casquinha é bem crocante!*

Mas eu tô Morrendo de Fome!

O QUE FAZER quando as crianças ficam rondando a cozinha, com fome, enquanto você prepara o jantar?

Cerca de quinze minutos antes de servir o jantar, eu coloco um prato com legumes e verduras crus para beliscar sobre a mesa e ofereço às crianças (uso a mesma estratégia com frutas vermelhas no café da manhã). Assim, não deixo de dar atenção a eles, e ainda ofereço algo saudável em caso de alguém estar mesmo com fome (e não apenas entediado). Hoje em dia, todas as noites, eles devoram cenouras e aipo satisfeitos. E pode acreditar, nem sempre foi assim. E mesmo que comam todas as hortaliças e apenas belisquem o jantar, eu me dou por satisfeita, pois o aperitivo é na verdade a entrada do jantar.

Macarrão à Bolonhesa

(COM BATATA-DOCE)

Essa receita rende o dobro de molho necessário para uma quantidade de massa suficiente para quatro pessoas. Congele o que sobrar para outra ocasião. A batata-doce crua picadinha pode ser substituída por purê.

Tempo de preparo: 15 minutos • Total: 45 minutos • Rende 4 porções

- **1 cebola média picadinha**
- **2 dentes de alho picados**
- **Óleo para untar**
- **1 colher de sopa de azeite de oliva**
- **3 cenouras**
- **1 talo de aipo**
- **225 g de carne moída magra**
- **225 g de carne moída de peru**
- **½ colher de chá de sal**
- **1 pitada de pimenta**
- **1 lata de purê de tomate**
- **250 ml de caldo de carne ou de frango**
- **1 colher de sopa de açúcar**
- **½ xícara de purê de batata-doce**
- **2 colheres de sopa de parmesão ralado**
- **450 g de macarrão, de preferência integral**

1 Pique a cebola e o alho em um processador de alimentos (ou faça à mão).

2 Unte uma frigideira grande com óleo e leve para aquecer em fogo médio. Quando esquentar, junte o azeite e refogue a cebola e o alho, por 2 a 3 minutos.

3 Enquanto isso, pique a cenoura e o aipo no processador, junte-os ao refogado na frigideira e cozinhe por 3 a 4 minutos.

4 Aumente o fogo e junte as carnes moídas, mexendo bem com uma colher de pau. Coloque o sal e a pimenta e refogue por 3 a 4 minutos, até a carne começar a dourar. Junte o purê de tomate, o caldo e o açúcar. Abaixe o fogo, tampe e deixe cozinhar por 30 minutos, mexendo de vez em quando. Acrescente o purê de batata-doce e o queijo ralado.

5 Cozinhe o macarrão em água e sal, numa panela grande, segundo as instruções do pacote, até ficar al dente. Escorra bem e devolva a massa à panela quente. Misture o molho quente no macarrão e mexa bem.

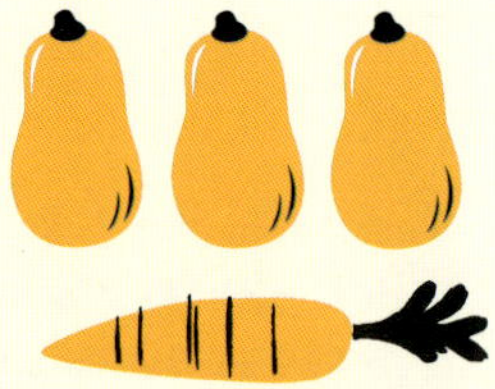

Espaguete e Almôndegas

(COM ABÓBORA E CENOURA)

Aproveite o que sobrou de almôndegas no lanche da garotada. Use abóbora e cenoura cruas picadas, caso não tenha purês congelados.

Tempo de preparo: 20 minutos • Total: 45 minutos • Rende 6 porções

- **450 g de carne moída de peru**
- **1 xícara de farinha de pão**
- **½ xícara de purê de abóbora**
- **1 dente de alho picado**
- **1 colher de chá de sal**
- **¼ de colher de chá de pimenta**
- **Óleo para untar**
- **2 colheres de sopa de azeite de oliva**
- **1 lata de tomate pelado, sem drenar, batido no liquidificador**
- **½ xícara de água**
- **¼ de xícara de purê de cenoura (opcional)**
- **¼ de colher de chá de alho desidratado**
- **1 pitada de pimenta de caiena**
- **1 folha de louro**
- **450 g de espaguete ou macarrão cabelo-de-anjo, de preferência, integral**

1 Em uma tigela grande, misture bem o peru, a farinha de pão, o purê de abóbora, o alho, ½ colher de chá de sal, e ¼ de colher de chá de alho. Faça bolinhas de 2 cm de diâmetro e coloque sobre papel alumínio ou manteiga.

2 Unte uma frigideira grande e leve para aquecer em fogo médio. Quando esquentar, junte o azeite e doure as almôndegas, por 4 a 5 minutos, mexendo de vez em quando.

3 Junte o purê de tomate, a água, o purê de cenoura (caso vá usar), o alho em pó, a pimenta caiena, a folha de louro, e o sal e a pimenta restantes. Diminua o fogo e cozinhe por 15 a 20 minutos. Retire a folha de louro.

4 Enquanto isso, ferva uma panela grande com água e sal e cozinhe o macarrão, seguindo as instruções do pacote, até ficar al dente. Escorra bem e transfira para uma travessa. Regue com o molho e as almôndegas.

Molho Ranch

(COM FEIJÃO-BRANCO OU FAVA)

Tempo de preparo total: 5 minutos • Rende 1 ½ xícara

- **½ xícara de leite**
- **½ xícara de iogurte**
- **1 xícara de feijão-branco ou favas amassadas**
- **2 colheres de sopa de coalhada fresca**
- **1 dente de alho picado**
- **1 colher de sopa de queijo parmesão ralado**
- **1 colher de sopa de salsinha desidratada**
- **½ colher de chá de sal**
- **¼ de colher de chá de pimenta**
- **1 pitada de pimenta chili em pó**

Misture o leite, o iogurte, o feijão, as favas, a coalhada fresca, o alho, o parmesão e o caldo temperado em um miniprocessador ou liquidificador. Sirva imediatamente ou refrigere em um ambiente hermético, por mais de três dias.

Patê Grego

(COM GRÃO-DE-BICO E ALCACHOFRAS)

Tempo de preparo total: 5 minutos • Rende 4 porções

- **1 xícara de grão-de-bico enlatado e de corações de alcachofra picados, drenados e lavados.**
- **½ xícara de maionese light**
- **2 colheres de sopa de parmesão ralado**
- **2 colheres de sopa de suco de limão**
- **1 dente de alho picado**
- **½ colher de chá de sal**
- **¼ de colher de chá de pimenta chili**
- **1 pitada de pimenta**
- **1 pitada de cebola desidratada**

Em um processador de alimentos, pique completamente o grão-de-bico. Junte os corações de alcachofra, a maionese, o parmesão, o suco de limão, o alho e os temperos, e bata até obter um creme.

Quesadilhas

(COM ABÓBORA)

As crianças que não apreciam de carne gostam dessa receita sem o frango. Uma opção é processar o frango depois de cozido e misturá-lo ao feijão.

Tempo de preparo: 15 minutos • Total: 25 minutos • Rende 4 porções • Pode ser guardado

- **Óleo para untar**
- **1 colher de sopa de azeite de oliva**
- **450 g de cortes de frango ou peito desossado, lavado e seco**
- **½ colher de chá de sal**
- **1 pitada de pimenta**
- **1 pitada de pimenta chili, ou a gosto**
- **½ xícara de feijão branco em conserva, escorrido e lavado**
- **½ xícara de sour cream light ou coalhada seca**
- **½ xícara de purê de abóbora**
- **½ xícara de queijo cheddar ralado grosso**
- **4 discos de massa para tortilha integral**
- **½ colher de chá de salsa ou molho picante**

1 Pré-aqueça o forno a 200 °C. Unte uma assadeira grande.

2 Unte uma frigideira grande com óleo e leve para aquecer em fogo médio. Quando estiver quente, junte o azeite. Antes de levar o frango à panela, tempere-o com o sal, a pimenta e a pimenta chili. Cozinhe os pedaços de frango por 4 a 5 minutos de cada lado, até não estarem mais rosados no interior. No caso do peito, refogue por 5 minutos por lado, abaixe o fogo, tampe e cozinhe por mais 9 ou 10 minutos. Corte a carne em pedacinhos ou processe-a, se necessário.

3 Em uma tigela pequena ou miniprocessador, faça uma pasta com o feijão e o sour cream. Em outra tigela, misture o purê de abóbora e o queijo.

4 Espalhe a pasta de feijão sobre duas das tortilhas e arranje o frango sobre ela. Agora espalhe a pasta de queijo sobre as outras duas tortilhas e sobreponha às primeiras, como sanduíche. Arranje-as sobre uma assadeira e leve ao forno por 5 a 6 minutos até ficarem crocantes. Fatie e sirva com patê de salsa.

Regras da Mesa

PARA MIM TEM SIDO IMPORTANTE seguir regras que me deixam à vontade e possíveis de manter à mesa. Algumas ensinam conhecimentos sociais básicos, outras ensinam boas maneiras. Estas são as regras na minha casa (cabe a você decidir o que pode funcionar na sua casa):

✓ Nada de brinquedos na mesa. Tenho filhos demais, e todos com brinquedos seria um verdadeiro caos.

✓ Nada de televisão nem outra forma de distração.

✓ Se as crianças não podem se divertir, os adultos também não. Ou seja, nada de celulares.

✓ Todo mundo come sozinho. De acordo com a idade, é claro.

✓ As crianças ajudam a colocar a mesa, recolher os pratos e se revezam para ajudar a limpar a bagunça do bebê. Mantenho uma minivassoura e um cestinho de lixo pequeno perto da mesa.

✓ Não falamos de boca cheia nem comemos em pé – isso vale para todos!

✓ Quando a criança pára de comer e começa a fazer bagunça com a comida, a refeição acabou para ela.

✓ Boas maneiras são aprendidas por meio de exemplos. Nunca dispensamos o “por favor” e o “obrigado”, e não colocamos o cotovelo sobre a mesa, para que as crianças repitam.

✓ Colocar o guardanapo sobre o colo é uma regra de etiqueta avançada. Ainda assim, coloco o meu com toda a pompa e circunstância, fazendo com que as crianças queiram me imitar.

Patê de Salsa

(COM PIMENTÃO VERMELHO OU CENOURA)

Se seus filhos gostam de molho para taco, eu recomendo esse patê no lugar do molho tradicional. Sirva para acompanhar legumes crus, torradinhas de tortilha ou com tacos.

Total: 5 minutos • Porções 6

- **1 xícara de feijão preto ou jalo**
- **1 xícara de molho de salsa pronto**
- **110 g de cream cheese light amolecido**
- **¼ de xícara de purê de pimentão vermelho ou de cenoura**
- **1 colher de sopa de tempero para taco**

Em uma tigela pequena, misture os feijões, a salsa, o cream cheese, o purê de legumes e o tempero para taco e amasse com uma colher de pau. Sirva em temperatura ambiente ou aqueça levemente no microondas.

Jerry: *Eu e meus amigos adoramos beliscar isso assistindo ao futebol – ou qualquer outra coisa.*

Sopa Cremosa de Batata

(COM COUVE-FLOR E ABÓBORA PAULISTA OU CENOURA)

Isso é o que eu sirvo quando um dos meus filhos tem dor de estômago ou fica resfriado. Além de trazer alívio, é nutritiva.

Tempo de preparo: 15 minutos • Total: 45 minutos • Rende 8 porções • Vegetariano

- **Óleo para untar**
- **2 colheres de sopa de azeite de oliva**
- **1 cebola pequena picada**
- **1 dente de alho, cortado na metade**
- **800 ml de caldo de galinha**
- **2 batatas grandes, de qualquer tipo, descascada e picada**
- **½ xícara de purê de couve-flor**
- **1 ½ xícara de purê de abóbora paulista ou de cenoura**
- **½ xícara de leite**
- **½ xícara de iogurte natural**
- **½ colher de chá de sal**
- **¼ de xícara de queijo cheddar *light* ralado (opcional)**
- **croutons (opcional)**

1 Unte uma frigideira com óleo ou margarina e leve para aquecer em fogo médio. Quando estiver quente, coloque o azeite, e refogue a cebola e o alho por 5 a 6 minutos (cuidado para não queimar o alho).

2 Junte o caldo e as batatas e deixe ferver. Reduza o fogo, tampe parcialmente e cozinhe até as batatas amolecerem, por 20 a 25 minutos.

3 Transfira a mistura cuidadosamente para o liquidificador ou processador e junte o purê de legumes, o leite, o iogurte e o sal. Depois de processar, mude para uma tigela e salpique com o queijo, a gosto.

Julian: *Isso é uma sopa? Parece purê de batatas!*

Lasanha

(COM BATATA-DOCE E COUVE-FLOR)

Para apressar um pouco o preparo, substitua o tomate em conserva, a cebola e o alho por molho pronto de sua preferência. Basta misturar o parmesão no molho. Também é possível fazer uma versão vegetariana, é só deixar a carne de fora.

Tempo de preparo: 20 minutos • Total: 70 minutos • Rende 8 a 10 porções

- **Óleo para untar**
- **1 colher de sopa de azeite de oliva**
- **450 g de carne magra moída de vaca ou de peru**
- **1 colher de chá de sal**
- **¼ de colher de chá de pimenta**
- **1 colher de sopa de farinha de trigo comum ou integral**
- **3 dentes de alho picados**
- **2 colheres de sopa de coalhada seca**
- **½ xícara de purê de batata-doce**
- **½ xícara de queijo parmesão ralado**
- **1 ou 2 latas de tomates pelados sem drenar**
- **1 cebola pequena picada**
- **1 xícara de queijo cottage light**
- **Clara de um ovo grande**
- **½ xícara de purê de couve-flor**
- **1 pcte. de lasanha instantânea**
- **2 xícaras de mussarela light ralada**

1. Pré-aqueça o forno a 200 °C. Unte uma assadeira de 20 x 30 cm.

2. Para preparar o recheio de carne, unte uma frigideira com óleo e leve para aquecer em fogo médio. Quando estiver quente, coloque o azeite. Junte a carne, coloque sal e pimenta e doure por 4 a 5 minutos. Acrescente a farinha e o alho, e cozinhe por mais 1 ou 2 minutos. Retire do fogo e acrescente a coalhada, o purê de batata-doce, e metade (¼ de xícara) do parmesão. Reserve.

3. Para o molho, processe os tomates sem escorrer, a cebola e o restante do alho e do parmesão (¼ de xícara), até ficar uniforme. Transfira para uma tigela. Uma alternativa é misturar o parmesão a molho de tomate pronto.

4. No mesmo processador ou liquidificador, processe o queijo cottage, a clara e o purê de couve-flor até ficar uniforme. Reserve.

5 Para montar a lasanha, espalhe uma xícara do molho de tomate na forma. Coloque uma camada de massa (cerca de ⅓). Espalhe a carne sobre ela. (Caso tenha optado pela versão vegetariana, apenas espalhe uma camada de queijo cottage.) Cubra com outro terço de massa e espalhe a mistura de queijo cottage. Faça outra camada com o que restou de massa e despeje o molho de tomate. Espalhe a mussarela uniformemente.

6 Cubra a lasanha com papel-alumínio e leve ao forno por cerca de 40 minutos, até o queijo derreter e a massa estiver cozida. Remova o papel-alumínio, e asse por mais 10 minutos, para corar.

Jessica: *Essa receita sempre agrada a todos, e a massa instantânea facilita muito o preparo.*

Em Treinamento

EU DISTRIBUO TAREFAS apropriadas às idades das crianças na hora das refeições, incluindo pôr e tirar a mesa, e se servirem sozinhas. Uma forma mais positiva para atraí-los para a mesa. Eles gostam de estar envolvidos e de se fazerem úteis. Servir o próprio prato as torna independentes e engajadas – assim, sentem que decidem o que comer, em lugar de serem forçadas a comer algo.

E por falar em tarefas, eu tento fazê-los preparar seu próprio lanche. Eles adoram:

1. **Lavar e secar frutas e hortaliças.**
2. **Contar itens e colocá-los em sacos plásticos.**
3. **Dobrar guardanapos.**
4. **Depois, colocamos tudo sobre uma toalha, no chão, e eles embalam da melhor maneira que conseguem.**

Sanduíches de Frango Grelhado

(COM BATATA-DOCE OU ABÓBORA)

Lembra bem um queijo quente.

Preparo: 5 minutos • Total: 15 minutos • Rende 2 porções • Vegetariano

- **½ xícara de queijo cheddar light ralado grosso**
- **½ xícara de purê de batata-doce ou de abóbora paulista**
- **1 colher de sopa de margarina cremosa**
- **¼ de colher de chá de sal**
- **4 fatias de pão de forma integral**
- **Óleo para untar**
- **1 colher de sopa de azeite de oliva**

1 Em uma tigela pequena, misture o queijo, o purê de vegetais, a margarina e o sal. Espalhe a mistura de queijo em duas fatias de pão e coloque as outras fatias por cima.

2 Unte uma frigideira com óleo ou margarina e leve para aquecer em fogo médio. Quando estiver quente, junte azeite. Coloque os sanduíches na frigideira e passe margarina na parte de cima. Cozinhe por 4 a 5 minutos de cada lado, até que o pão esteja torrado e o recheio, derretido.

Jerry: *Até eu sei preparar isso...*

Julian: *Não gostoso como o da mamãe.*

Pasta de Abacate

(COM ABACATE, OBVIAMENTE)

Essa é a nossa versão de guacamole, que, apesar de ser verde-claro, é bem popular aqui em casa.

Tempo total de preparo: 8 minutos • Rende 1 ½ xícara

- **1 xícara de purê de abacate**
- **½ xícara de iogurte natural desnatado**
- **1 colher de sopa de maionese light**
- **1 colher de sopa de suco de limão**
- **½ colher de chá de sal**
- **½ colher de chá de alho desidratado**

Em uma tigela média, misture bem com um garfo ou colher de pau: o iogurte, o purê de abacate, a maionese, o suco de limão, o sal e o alho. Caso não for servir imediatamente, cubra com filme plástico e pressione com os dedos para remover o ar. Isso impedirá que escureça. Refrigere por até dois dias, ou congele por até um mês.

Julian: *Eu gosto com taco!*

Sascha: *Eu não.*

Jessica: *Shhh! Ela come com as quesadilhas!*

Batatas Assadas em Dobro

(COM COUVE-FLOR)

Preparado no microondas, isso fica pronto em 10 minutos. Para a versão vegetariana, basta não colocar o bacon.

Tempo de preparo: 15 minutos • Total: 80–85 minutos • Rende 4 porções

- **4 batatas grandes para assar**
- **1 xícara de purê de couve-flor**
- **½ xícara de coalhada seca**
- **2 colheres de sopa de margarina cremosa sem gordura trans**
- **1 dente de algo amassado**
- **¼ de colher de chá de sal**
- **¼ de colher de chá de pimenta**
- **2 fatias de bacon (de preferência de peru), cozido e picado (opcional)**

1 Pré-aqueça o forno a 200 °C.

2 Lave as batatas e espete-as com um garfo. Leve ao forno em uma assadeira forrada com papel alumínio, por 50 a 55 minutos, até ficarem macias.

3 Deixe esfriar um pouco, para poder manuseá-las. Corte as batatas no comprimento, faça uma cavidade com uma colher.

4 Amasse a polpa da batata com o purê de couve-flor, a coalhada, a margarina, o alho, o sal e a pimenta. Recheie as batatas com a mistura. Arrume-as na assadeira e leve ao forno por 15 minutos, coberta com bacon picadinho, se preferir.

Variação

Cubra com queijo cheddar ou mussarela light ralado, ou com uma colherada de iogurte natural ou queijo cottage, antes de levar ao forno.

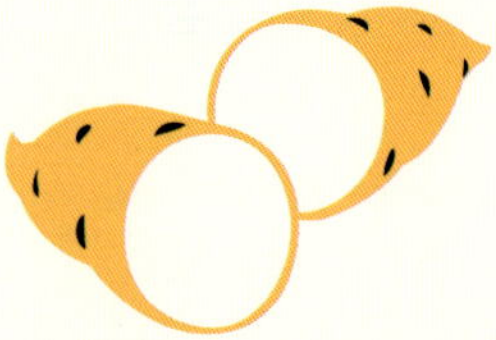

Sanduíches de Waffle

(COM BATATA-DOCE)

Não se trata de waffle de verdade, apenas pão integral preparado na grelha de fazer waffle. Seus filhos irão adorar a textura de waffle, e jamais desconfiaram que o recheio gostoso leva batata-doce.

Tempo de preparo: 5 minutos • Total: 8 minutos • Rende 4 porções • Vegetariano

- **½ xícara de queijo cottage**
- **½ xícara de purê de batata-doce**
- **1 clara de ovo grande**
- **1 colher de sopa de açúcar mascavo**
- **¼ de colher de chá de sal**
- **8 fatias de pão de forma integral, sem casca**

1 Ligue a máquina de preparar waffles.

2 Em um liquidificador ou processador misture o queijo cottage, o purê de batata-doce, a clara, o açúcar e o sal. Espalhe a mistura em quatro fatias de pão, e cubra com os pães restantes.

3 Coloque os sanduíches dois a dois na máquina de waffles e feche a tampa. Cozinhe por 2 a 3 minutos, até que estejam bem selados e o recheio não escorra mais.

Variação

Substitua o pão integral por waffles comprados prontos. Descongele-os, recheie com a mesma mistura e prepare-os em uma frigideira untada com óleo ou margarina, por 5 a 6 minutos, de cada lado, ou até que o recheio esteja cozido.

Criaturinhas Sociais

APRENDI QUE A COMIDA desce mais fácil em um ambiente social de convívio familiar. Uma atmosfera familiar agradável proporciona algo além à criança do que ficar olhando para o próprio prato. Além disso, uma criança ranzinza que come sozinha fica ainda mais birrenta sem algo que a distraia. Eu procuro recriar os momentos felizes à mesa da minha infância, que eram compartilhados e descontraídos, com um bate-papo agradável. (Ah, veja só, isso era um sonho antigo!)

Verdade, no minuto em que ponho a comida na mesa, começo a contar animada sobre o meu dia. Elas me respondem com suas próprias experiências, e, antes que notemos, a refeição já acabou, e sem nem sequer um soluço! Infelizmente, nos dias de hoje, são raras as famílias que fazem refeições juntas. E, se você não puder estar presente, peça a quem tomar conta dos seus filhos para se sentar – ainda que não vá comer – e converse com eles.

Panquecas Rosadas

(COM BETERRABAS)

Use uma massa pronta para panquecas, enriqueça com maçã ralada, purê de beterraba e um pouco de ricota, e terá uma refeição repleta de proteína.

Tempo de preparo: 10 minutos • Total: 13–15 minutos • Serve 4 crianças pequenas

- **¾ de xícara de água**
- **½ xícara de ricota**
- **¼ de xícara de purê de beterraba**
- **1 colher de chá de extrato de baunilha**
- **½ colher de chá de canela**
- **1 xícara de mistura para panqueca**
- **¼ de xícara de maçã ralada**
- **Óleo ou margarina para untar**
- **1 colher de sopa de óleo vegetal ou de canola**
- **Xarope de bordo ou frutas, para acompanhar**

1 Em um liquidificador ou processador, misture a água, a ricota, o purê de beterraba, a baunilha e a canela. Não processe demais. A mistura deve ficar consistente.

2 Unte uma frigideira ou chapa com óleo ou margarina e aqueça em fogo médio. Quando estiver quente, junte o óleo. Coloque a massa às colheradas, sendo um quarto para cada panqueca. Cozinhe as panquecas por 2 a 3 minutos de cada lado. Sirva quente, com o xarope ou frutas frescas.

Julian: *Panquecas no jantar? Às vezes, acho que a mamãe é maluca!*

"Charutos" de Tortilha

(COM ABÓBORA E CENEOURA)

Essa receita faz sucesso lá em casa. Eles são ótimos para piqueniques e lanches, pois são fáceis de guardar e podem ser servidos frios. Para a versão vegetariana, é só excluir o frango ou peru.

Tempo de preparo: 10 minutos • Total: 15 minutos • Rende 6 porções • Pode ser guardado

- **1 xícara de peito de peru ou de frango cozido ou defumado, em cubos ou purê**
- **½ xícara de queijo cheddar ou suíço light**
- **½ xícara de purê de abóbora**
- **½ xícara de purê de cenoura**
- **1 pote de cream cheese light**
- **¼ de colher de chá de alho desidratado**
- **¼ de colher de chá de sal**
- **6 tortilhas integrais grandes**

1 Pré-aqueça o forno a 200 °C. Forre uma assadeira com papel-alumínio ou manteiga.

2 Em uma tigela grande, misture bem o frango ou o peru, o queijo, os purês de abóbora e de cenoura, o cream cheese, o alho e o sal.

3 Corte as tortilhas na metade. Coloque uma metade sobre a superfície à sua frente com a parte reta diante de você. Espalhe duas colheradas do receio ao longo da borda reta da tortilha. Enrole a tortilha, como um charuto, vedando o recheio. Coloque com a ponta para baixo, na assadeira. Repita a operação com as demais tortilhas.

4 Asse até que os charutos comecem a dourar, por 4 a 5 minutos. Deixe esfriar um pouco antes de servir.

Shepherd: *Hummm... bom!*

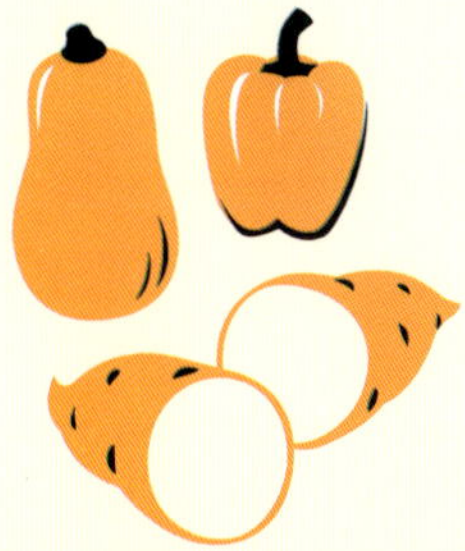

Sloppy Joes

(COM BATATA-DOCE E ABÓBORA OU PIMENTÃO VERMELHO)

Eu sirvo isso com pão de cachorro-quente. Tem criança que acha graça no pão de cachorro-quente com outra coisa que não salsicha.

Preparo: 25 minutos • Total: 45 minutos • Rende 8 porções

- **Óleo para untar**
- **1 colher de sopa de azeite de oliva**
- **½ xícara de cebola roxa picada**
- **½ xícara de aipo picadinho**
- **2 dentes de alho picados**
- **450 g de carne moída magra de vaca ou de peru**
- **½ xícara de purê de batata-doce**
- **½ xícara de purê de abóbora ou pimentão vermelho**
- **Cenouras cruas raladas (opcional)**
- **½ xícara de caldo de carne light**
- **¼ de xícara de massa de tomate**
- **1 colher de sopa de molho inglês**
- **1 colher de chá de pimenta chili**
- **½ colher de chá de sal**
- **1 pitada de pimenta**
- **8 pães de cachorro-quente integrais**

1 Unte uma frigideira com óleo ou margarina e leve para aquecer em fogo médio. Quando estiver quente, junte o azeite e refogue a cebola, o aipo e o alho por 3 a 4 minutos. Cuidado para não queimar.

2 Acrescente a carne moída, e cozinhe desfazendo a carne com uma colher de pau, por 4 a 5 minutos.

3 Junte os purês de legumes, a cenoura crua, o caldo de carne, a massa de tomate, o molho inglês, o chili, o sal e a pimenta. Abaixe o fogo, tampe e cozinhe até que o líquido reduza à metade, por 15 a 20 minutos.

4 Coloque a mistura às colheradas nos pães de cachorro-quente e sirva.

Shepherd: *Cachorro-quente?*

Sascha: *Nada disso, seu bobo.*

É o Sloppy Joes da mamãe!

Tacos

(COM BATATA-DOCE, OU CENOURA OU ABÓBORA-MENINA)

A carne cozida no tomate, mais o purê, resulta numa refeição muito nutritiva. As crianças se divertem escolhendo os complementos e recheando os tacos.

Preparo: 10 minutos • Total: 30 minutos • Porções 6 a 8

- **Óleo para untar**
- **1 colher de sopa de azeite de oliva**
- **450 g de carne moída magra de vaca ou de peru**
- **1 lata de tomates triturados, com o suco**
- **½ xícara de purê de batata-doce, cenoura ou abóbora-menina**
- **35 g de tempero para taco, sem glutamato monossódico**
- **1 pcte. de massa pronta para taco (com 18 unidades)**
- **½ xícara de queijo mussarela ou cheddar light ralado**

COBERTURAS

- **450 g de tomates cereja, cozidos no vapor, em metades**
- **½ xícara de milho congelado ou em conserva**
- **¼ de xícara de coalhada**
- **Alface romana picado**
- **½ abacate pequeno, descascado e picado**
- **1 pimentão vermelho cozido no vapor, em tirinhas**

1 Unte uma frigideira com óleo ou margarina e leve para aquecer em fogo médio. Quando estiver quente, junte o azeite. Refogue e doure a carne, por 4 a 5 minutos, mexendo de vez em quando.

2 Acrescente os tomates com o suco, o purê de legumes e o tempero para taco. Abaixe o fogo e cozinhe até a carne tomar cor e o molho engrossar, por 10 a 15 minutos.

3 Pré-aqueça o forno a 180 °C. Recheie os tacos com a carne e salpique com o queijo. Arranje-os de pé em uma assadeira, e asse por 5 a 10 minutos, até o queijo derreter. Coloque os demais ingredientes da cobertura a gosto.

Chili de Peru

(COM PIMENTÃO VERMELHO E CENOURA)

Se seus filhos implicam com feijão, processe-os antes de juntá-lo ao chili. Você economiza tempo também picando a cenoura e o pimentão vermelho no processador.

Tempo de preparo: 15 minutos • Total: 35 minutos • Rende 8 porções

- **Óleo para untar**
- **1 colher de sopa de azeite de oliva**
- **½ xícara de cebola roxa picada**
- **450 g de carne moída magra de peru**
- **2 dentes de alho picados**
- **1 colher de sopa de tempero para chili**
- **1 colher de chá de sal**
- **¼ de colher de chá de páprica doce**
- **1 pitada de pimenta**
- **1 lata de tomates picados**
- **750 ml de caldo de galinha com pouco sal**
- **½ xícara de purê de pimentão vermelho**
- **½ xícara de purê de cenoura**
- **¼ de xícara de fubá**
- **2 colheres de sopa de linhaça moída**
- **400 g de feijão jalo cozido e escorrido**

1 Unte uma panela grande com óleo para aquecer. Quando estiver quente, junte o azeite e refogue a cebola, por dois minutos.

2 Enquanto isso, tempere o peru com alho, sal, páprica, pimenta e o tempero mexicano. Junte o peru à panela e deixe dourar por 5 a 6 minutos.

3 Misture os tomates, o caldo, os purês de pimentão e de cenoura, o fubá e a linhaça. Deixe ferver, abaixe o fogo, cubra e cozinhe por 15 a 20 minutos, para acentuar o sabor. Junte o feijão e cozinhe por mais alguns minutos.

Sascha: *Eca, feijão é um nojo!*

Jessica: *Da próxima vez farei purê com ele.*

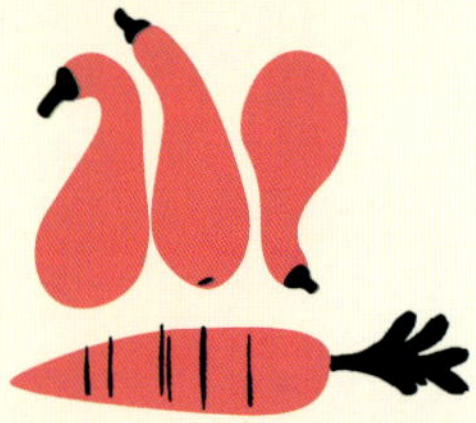

Cuscuz

(COM ABÓBORA PAULISTA OU CENOURA)

A abóbora tem a mesma cor da farinha do cuscuz...

Tempo de preparo: 6 minutos • Total: 13 minutos • Rende 8 porções • Pode ser guardado

- **½ xícara de caldo de galinha**
- **1 xícara de sêmola de trigo para cuscuz**
- **½ xícara de purê de abóbora**
- **¼ de xícara de purê de cenoura**
- **2 colheres de margarina cremosa sem gordura trans**
- **1 colher de sopa de queijo parmesão ralado**
- **1 dente de alho picado (opcional)**
- **½ colher de chá de sal**
- **¼ de colher de chá de pimenta**

1 Ferva o caldo de galinha em uma panela média.

2 Apague o fogo, misture a sêmola, os purês de abóbora e de cenoura, a margarina, o parmesão, o alho, o sal e a pimenta. Cubra e deixe descansar por 6 a 7 minutos, até que o cuscuz tenha absorvido todo o líquido e amolecido.

Joy: *Esse é um prato com pouquíssimas calorias (somente 40 calorias e menos de um grama de gordura total por porção de ½ xícara), graças aos purês de legumes, que acrescentam volume, reduzindo o total de calorias em uma receita que é basicamente puro amido. As cenouras fornecem o betacaroteno, excelente para a visão das crianças!*

Dicas para as Refeições

Como uma mãe preocupada com as questões sobre crianças e alimentação, eu converso bastante com Patricia Schimm e Jean Mandelbaum, meus "gurus" em matéria de criação de filhos. Segundo eles, quanto maior pressão e controle tentamos exercer sobre nossos filhos, mais sujeitos estamos a momentos desagradáveis nas refeições, além do risco de a criança desenvolver problemas alimentares. Na verdade, ambos os especialistas concordam que a criança comerá praticamente de tudo se não houver questões de controle de poder envolvidas. Pat Schimm vai além, afirmando que ao conversarmos sobre outros assuntos na mesa que não comida, os resultados serão melhores. Veja outras dicas e conselhos que aprendi com Pat e Jean:

1 **Regra básica: não force a criança a comer, ela não morrerá de fome.**

2 **A criança pequena é cheia de vontades e intransigente, é normal. Dizer não a tudo é uma forma de testar os limites de sua segurança no mundo. Nessa fase, ao oferecermos um prato de comida, a resposta mais comum é: "Eu não gosto disso!". Mas, se oferecemos algumas opções saudáveis, de modo que nenhuma delas seja errada ou prejudicial, teremos um cenário ideal, positivo, para pais e filhos.**

3 **Quando a criança já tem idade para comer sozinha, ao redor de 1 ano, os pais devem ficar de lado e permitir que ela assuma. Ao comer sozinha a criança se torna independente e autoconfiante. Uma criança que come sozinha sem interferência tem mais chances de se tornar um bom garfo, pois não se sente ameaçada em seu território. Já eu procuro facilitar para que meus filhos comam sozinhos não fazendo nada muito complicado nem sofisticado.**

SOBREMESAS

Brownies

(COM CENOURA E ESPINAFRE)

Esses brownies enganam todo mundo! Você nem imagina que deliciosos (ou o bem que eles fazem) se não experimentar. Só não sirva quente – o gosto do espinafre só desaparece por completo quando totalmente frio.

Preparo: 15 minutos • Total: 55 minutos • Rende 12 brownies • Pode ser guardado

- **Manteiga ou margarina para untar**
- **85 g de chocolate meio amargo**
- **½ xícara de purê de cenoura**
- **½ xícara de purê de espinafre**
- **½ xícara de açúcar mascavo bem compactado**
- **¼ de xícara de chocolate em pó sem açúcar**
- **2 colheres de sopa de margarina cremosa sem gordura trans**
- **2 colheres de chá de extrato de baunilha**
- **2 claras de ovos grandes**
- **¾ de xícara de farinha de trigo ou de aveia**
- **½ colher de chá de fermento em pó**
- **½ colher de chá de sal**

1 Pré-aqueça o forno a 180 °C. Unte uma assadeira de 20x20 cm.

2 Derreta o chocolate em banho-maria ou em fogo bem baixo.

3 Em uma tigela grande, misture o chocolate derretido, os purês de legumes, o açúcar, o chocolate em pó, a margarina e a baunilha. Bata bem até formar um creme, por 1 a 2 minutos.

4 Misture as claras. Junte a farinha, o fermento e o sal e bata com uma colher de pau.

5 Coloque a massa na forma e asse por 35 a 40 minutos. Deixe esfriar totalmente ainda na forma, depois corte em 12 pedaços.

Joy: *Esses brownies têm poucas calorias (apenas 133 por unidade) e gorduras saturadas. E ainda fornecem 3 gramas de fibras (o que é excepcional para um brownie!). O espinafre e a cenoura são ricos em dois poderosos antioxidantes que garantem boa visão das crianças!*

Pudim de Chocolate

(COM ABACATE)

Eu adoro esse pudim. Às vezes me custa dividi-lo.

Tempo de preparo: 5 minutos • Total: 9 minutos • Rende 8 a 10 porções

- **1/4 de xícara de margarina cremosa sem gordura trans**
- **1 xícara de purê de abacate**
- **1 xícara de açúcar de confeiteiro**
- **1/2 xícara de chocolate em pó sem açúcar**
- **1/2 colher de chá de extrato de baunilha**
- **1/4 de xícara de amido de milho**

Em uma panela média, derreta a margarina em fogo baixo. Misture o purê de abacate, o açúcar, o chocolate em pó e a baunilha. Cozinhe, pressionando o creme contra a borda da panela para dissolver os grumos do abacate, até engrossar, por 3 a 4 minutos. Tire do fogo e misture o amido de milho. Volte ao fogo por uns instantes. Sirva quente.

Sascha: *Ei, onde a mamãe guardou o pudim?*

Rosquinhas

(COM ABÓBORA E BATATA-DOCE)

Estas são leves e fofinhas, e ficam irresistíveis polvilhadas com açúcar de confeiteiro.

Tempo de preparo: 10 minutos • Total: 35 minutos • Rende 2 dúzias

- **Manteiga ou margarina para untar**
- **½ xícara de açúcar mascavo claro ou escuro bem compactado**
- **½ xícara de purê de abóbora**
- **½ xícara de purê de batata-doce**
- **½ xícara de leite desnatado**
- **1 clara de ovo grande**
- **1 colher de sopa de margarina cremosa sem gordura trans, derretida**
- **1 colher de chá de extrato de baunilha**
- **1 xícara de farinha de trigo comum ou integral**
- **1 colher de chá de bicarbonato de sódio**
- **½ colher de chá de fermento em pó**
- **½ colher de chá de canela**
- **¼ de xícara de açúcar de confeiteiro**

1 Pré-aqueça o forno a 180 °C. Unte uma forma para rosquinhas ou uma forma para 12 muffins.

2 Em uma tigela grande, bata bem o açúcar, os purês de abóbora e de batata-doce, o leite, a clara, a margarina e a baunilha. Junte a farinha, o bicarbonato, o fermento e a canela. Misture bem até incorporar tudo.

3 Divida a massa nas forminhas. Asse por 20 a 25 minutos, até as rosquinhas ficarem coradas. Teste espetando um palito, que deve sair seco. Desenforme as rosquinhas sobre uma grelha para que esfriem. Depois, polvilhe com a xícara de açúcar de confeiteiro.

4 Mantenha em um recipiente hermético, em temperatura ambiente, por até dois dias, ou no freezer, por até 1 mês.

Julian: Meus amigos adoram minha mãe porque ela nos prepara rosquinhas.

Pasta de Amendoim com Chocolate

(COM CENOURA)

Sirva como lanche ou sobremesa para acompanhar palitos de legumes crus ou frutas cortadas.

Tempo de preparo: 5 minutos • Rende 4 porções

- **½ xícara de pasta de amendoim**
- **½ xícara de cream cheese light**
- **6 colheres de sopa de calda de chocolate**
- **¼ de xícara de purê de cenoura**
- **½ colher de chá de sal**
- **pedaços de fruta, para acompanhar**

Misture bem todos os ingredientes, menos as frutas, em uma tigela, até obter um creme homogêneo.

Pasta de Marshmallow e Banana

(COM ABÓBORA)

Mais uma sobremesa repleta de frutas e legumes!

Tempo de preparo: 5 minutos • Rende 4 porções

- **1 xícara de purê de abóbora**
- **1 xícara de purê de banana**
- **1 xícara de minimarshmallows**
- **Pedaços de frutas, para acompanhar**

Em uma tigela própria para forno de microondas, misture bem os purês de abóbora e de banana. Cubra e aqueça no microondas por 1 a 2 minutos. Junte os marshmallows e misture. Sirva quente.

Bolinhos de Chocolate Chips

(COM MORANGA E ABÓBORA)

Chocolates chips e xarope de bordo (maple syrup), um sonho para a família inteira!

Tempo de preparo: 10 minutos • Total: 35 minutos • Rende 12 bolinhos • Pode ser guardado

PARA A MASSA

- **Manteiga ou margarina para untar**
- **1 xícara de purê de moranga**
- **½ xícara de purê de abóbora**
- **½ xícara de açúcar mascavo claro ou escuro bem compactado**
- **½ xícara de água**
- **⅓ de xícara de óleo de canola**
- **1 colher de chá de extrato de baunilha**
- **2 ¼ xícaras de farinha de trigo**
- **1 ½ colher de chá de bicarbonato de sódio**
- **½ colher de chá de sal**
- **½ xícara de gotas de chocolate meio amargo**

PARA A COBERTURA

- **1 pcte. de cream cheese light**
- **⅓ de xícara de xarope de bordo**
- **2 colheres de chá de extrato de baunilha**
- **1 pitada de sal**

1 Pré-aqueça o forno a 180 °C. Unte uma forma para muffins ou revista com forminhas de papel.

2 Coloque a moranga e o purê de abóbora em uma tigela grande ou na tigela de uma batedeira. Acrescente o açúcar, a água, o óleo e a baunilha, e bata bem.

3 Agora acrescente a farinha, o bicarbonato, o sal e as gotas de chocolate, e incorpore bem. Divida a massa entre as forminhas de muffin, e asse por 20 a 25 minutos, até corar e resistir ao toque. Vire os bolinhos sobre uma grelha para esfriar, antes de colocar a cobertura.

4 Para a cobertura, bata o cream cheese com o xarope de bordo, a baunilha e o sal, até obter um creme. Espalhe sobre os bolinhos frios.

5 Conserve os bolinhos em um recipiente hermético por até dois dias em temperatura ambiente, ou embale-os individualmente e leve ao freezer por até um mês.

Se nós Resmungarmos, eles Farão o Mesmo

CERTA NOITE, quando eu ainda costumava implorar para que as crianças comessem as verduras e legumes, reparei que estava resmungando e me lamuriando, e que estava parecida com eles. Não gostei nem um pouco. Todos sabem que os filhos imitam um pouco os pais. Percebi que, quando eu resmungava sobre sua alimentação, faziam o mesmo e tudo o mais.

Picolé de Iogurte

(COM FRUTAS VERMELHAS)

Seus filhos pensam que estão comendo só um sorvete, mas esses picolés têm poucas calorias, uma excelente alternativa aos sorvetes com alto teor de gordura. Se optar por framboesas, use ¾ de xícara de açúcar, pois elas são ácidas.

Tempo de preparo: 10 minutos • Congelamento: 120 minutos • Rende 8 picolés

- **2 xícaras de iogurte natural desnatado**
- **2 xícaras de frutas vermelhas congeladas (morango, framboesas, mirtilo ou cerejas), descongeladas no microondas por 1 minuto**
- **½ a ¾ de xícara de açúcar de confeiteiro**

Processe no liquidificador ou processador de alimentos o iogurte, as frutas e o açúcar, até ficar homogêneo. Transfira para forminhas de picolé e leve ao freezer.

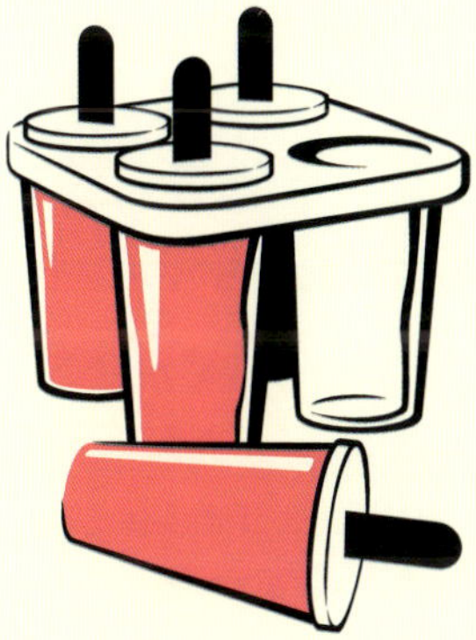

Joy: *Cada picolé (apenas 100 calorias!) contém menos de 1 grama de gordura. O iogurte, rico em cálcio, ajuda a fortalecer os ossos e os dentes; e as frutas vermelhas fornecem vitamina C, um antioxidante que fortalece o sistema imunológico e ajuda na cicatrização.*

Bolo de Gengibre e Especiarias

(COM BRÓCOLIS E CENOURA)

Meus filhos jamais comeriam isto sabendo quais são os ingredientes. Mas como não sabem, o bolo em geral não chega a durar um dia.

Tempo de preparo: 15 minutos • Total: 60 minutos • Rende 8 a 10 porções • Pode ser guardado

- **Manteiga ou margarina para untar**
- **1 xícara de farinha de trigo integral**
- **1 xícara de farinha de trigo comum**
- **1 colher de chá de bicarbonato de sódio**
- **1 colher de chá de gengibre moído**
- **1 colher de chá de canela em pó**
- **¼ de colher de chá de cravo em pó**
- **¼ de colher de chá de mix de especiarias**
- **¼ de colher de chá de sal**
- **¾ de xícara de açúcar mascavo claro ou escuro bem compactado**
- **¼ de xícara de óleo de canola**
- **1 ovo grande**
- **1 xícara de purê de brócolis**
- **½ xícara de purê de cenoura**
- **½ xícara de iogurte natural desnatado**
- **¼ de xícara de xarope de glucose**
- **2 colheres de chá de extrato de baunilha**
- **1 colher de sopa de raspas de laranja**

1 Pré-aqueça o forno a 180 °C. Unte uma forma de bolo inglês de 22x12 cm.

2 Em uma tigela ou saco plástico, misture as farinhas com o bicarbonato de sódio, o gengibre, a canela, o cravo, as especiarias e o sal. Reserve.

3 Em uma tigela grande ou tigela de batedeira, bata o açúcar, o óleo e os ovos até obter um creme. Misture os purês de legumes, iogurte, xarope de glucose, baunilha e casca de laranja. Misture a farinha e bata até ficar homogêneo.

4 Despeje a massa na assadeira e alise a superfície. Asse por 45 a 50 minutos, até que um palito saia limpo quando espetado no centro do bolo. Espere 5 minutos antes de desenformar sobre uma grelha para esfriar completamente.

Jerry: *Açúcar polvilhado me deixa louco!*

Barrinhas de Mirtilo e Aveia

(COM ESPINAFRE)

Doce e crocante, e cheio de espinafre! Deixe as barrinhas esfriarem antes de servir, assim o sabor do espinafre desaparece totalmente.

Tempo de preparo: 10 minutos • Total: 50 minutos • Rende 12 barrinhas

- **Manteiga ou margarina para untar**
- **2 xícaras de aveia em flocos**
- **1 ¼ xícara de farinha de trigo**
- **½ xícara de açúcar**
- **½ colher de chá de canela**
- **¼ de colher de chá de fermento em pó**
- **¼ de colher de chá de sal**
- **1 colher de chá de extrato de baunilha**
- **¾ de xícara de margarina cremosa sem gordura trans, gelada**
- **1 xícara de geléia de mirtilo diet**
- **½ xícara de purê de espinafre**

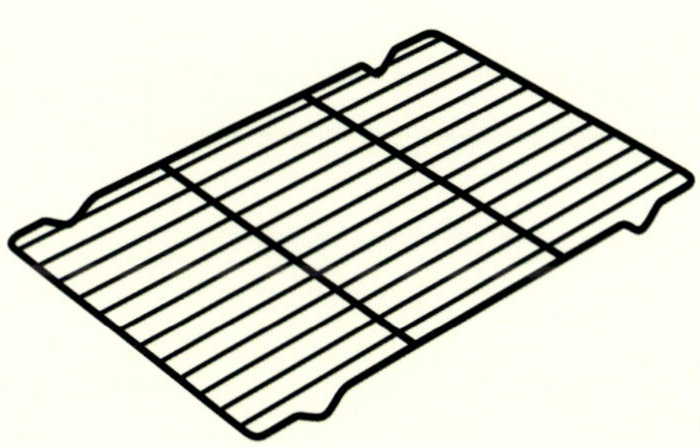

1 Pré-aqueça o forno a 180 °C. Unte uma assadeira de 20x20 cm.

2 Em uma tigela grande, misture bem a aveia, a farinha, o açúcar, a canela, o fermento em pó, o sal e a baunilha.

3 Junte a margarina gelada e corte em pedaços pequenos com duas facas, para fazer uma farofa com os ingredientes secos. Não deixe virar creme. Deixe sobrar alguns pedaços de margarina.

4 Reserve metade da mistura de aveia, e pressione a outra parte na assadeira. Asse até começar a corar nas bordas (mas não totalmente assado), por 13 a 15 minutos.

5 Enquanto isso, misture a geléia com o espinafre numa tigela pequena.

6 Espalhe a mistura da geléia de mirtilo sobre a camada pré-assada de aveia, depois salpique o restante da farofa de aveia. Asse até corar, por 20 a 25 minutos. Coloque a forma sobre uma grelha para que esfrie por completo antes de cortar em 12 barrinhas.

Bolinhos de Chocolate

(COM ABACATE E COUVE-FLOR)

Este é o preferido do meu filho Julian. Eu levei uma vez na escola no aniversário de 4 anos dele, e a garotada devorou tudo em segundos. O sabor do abacate pode ser notado de leve quando os bolinhos estão mornos, portanto, somente sirva frio.

Tempo de preparo: 15 minutos • Total: 35 minutos • Rende 12 bolinhos • Pode ser guardado

PARA A MASSA

- **Manteiga ou margarina para untar**
- **1 xícara de purê de abacate**
- **1 ½ xícara de açúcar**
- **1 xícara de leite desnatado**
- **2 colheres de chá de extrato de baunilha**
- **½ colher de chá de vinagre balsâmico**
- **2 claras de ovos grandes**
- **2 xícaras de farinha de trigo comum**
- **½ xícara de chocolate em pó sem açúcar**
- **1 colher de chá de bicarbonato de sódio**
- **1 colher de chá de sal**

PARA COBERTURA

- **1 pote de cream cheese (225 g)**
- **½ xícara de açúcar de confeiteiro**
- **¼ de xícara de purê de couve-flor**
- **2 colheres de sopa de extrato de baunilha**
- **1 pitada de sal**

1 Pré-aqueça o forno a 180 °C. Unte uma assadeira para doze muffins ou forre com forminhas de papel.

2 Em uma tigela grande, ou na tigela de uma batedeira elétrica, bata o purê de abacate, o açúcar o leite, a baunilha e o vinagre até formar um creme. Incorpore as claras, uma a uma.

3 Junte a farinha, o chocolate em pó, o bicarbonato de sódio e o sal e bata bem. Divida a massa entre as forminhas de muffin. Asse até corar e resistir ao toque, por 15 a 20 minutos. Desenforme sobre uma grelha, para esfriar por completo.

4 Para a cobertura, bata todos os ingredientes até ficar homogêneo. Espalhe sobre os bolinhos.

5 Conserve os bolinhos em um recipiente hermético por até dois dias, em temperatura ambiente, ou embale-os individualmente e leve ao freezer por até um mês.

(OUTRAS) MÃES SABEM BEM

(Parte 3)

"O marketing é tudo, quando se fala de legumes e verduras para as crianças! Brócolis comido com molho marinara recebeu o apelido de 'Árvores do Shrek com lama do pântano'. Aspargo servido com manteiga derretida virou 'varinha da princesa com molho mágico'. As redes de fast food e os fabricantes de cereais matinais são mestres nisso. Cabe a nós, pais, deixarmos as hortaliças mais atrativas também."

– *Elizabeth, Los Angeles*

Mãe de Isabel, 8 anos, e de Caroline, de 6

"Nós misturamos óleo de linhaça na aveia e em todos os tipos de purês. Polvilhamos linhaça em pó no iogurte, no cereal e em tudo o que é crocante. Também preparamos cookies com farinha de centeio e adoçamos com xarope de bordo – qualquer coisa para incluir fibras. Quando nossos filhos eram bebês, eu fazia purê com o arroz integral, assim eles se acostumaram ao sabor. Fazemos torta de chocolate com tofu, que eles adoram. Também fazemos chilli vegetariano servido com iogurte natural, em lugar do sour cream, e colocamos torradinhas de milho orgânico, para acompanhar."

– *Família Martin, Nova York*

Filhos de 3 e 1 ano

"Quando o Alex recusa hortaliças e outros alimentos saudáveis, eu recorro a 'Por favor, dê só mais X mordidas!' (X às vezes é igual a 7, às vezes a 4, por exemplo). Algumas vezes eu polvilho queijo cheddar ralado em certos legumes e verduras. Se fico desesperada a valer, fazemos a 'dança dos morangos' (o nome da dança varia de acordo com o alimento), uma coreografia engraçada antes de cada mordida. Patético, eu sei."

– *Elzy, Burlington, Vermont*

Mãe de Alex, 3 anos, e de Daniel, de 1

Fondue de Chocolate

(COM ABACATE E CENOURA)

As crianças adoram mergulhar alimentos em cremes e pastas. Experimente com bolachas, fatias de maçã, morangos – delícia!

Preparo: 5 minutos • Rende 4 porções

- 1 colher de sopa de margarina cremosa sem gordura trans
- ½ xícara de purê de abacate
- ¼ de xícara de purê de cenoura
- 1 xícara de açúcar de confeiteiro
- ½ xícara de chocolate em pó sem açúcar
- 1 colher de chá de extrato de baunilha
- Frutas em fatias, framboesas, amoras e morangos para acompanhar

Derreta a margarina em fogo baixo, numa panela pequena. Junte os purês de cenoura e de abacate, o açúcar, o chocolate em pó e a baunilha. Bata até obter um creme. Sirva morno, com as frutas.

Julian: *Eu faço um sanduíche com bolachas.*

Sascha: *Ei... não me imite!*

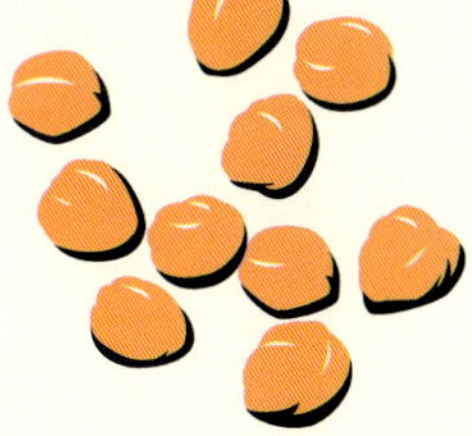

Cookies de Chocolate Chips

(COM GRÃO-DE-BICO)

Isso é tão fácil e rápido de fazer, mas cuidado com os grãos-de-bico voando por aí. Se usar um mixer, para triturá-los, cubra a tigela com um pano de prato, para que não voem. (É óbvio que meus filhos acham hilário quando isso acontece.)

Tempo de preparo: 20 minutos • Total: 31 a 33 minutos • Rende 4 dúzias de biscoitos • Pode ser guardado

- **Manteiga ou margarina para untar**
- **1 xícara de açúcar mascavo bem compactado**
- **¾ de xícara de margarina cremosa sem gordura trans**
- **2 claras de ovos grandes**
- **2 colheres de chá de extrato de baunilha**
- **1 lata de grão-de-bico em conserva, escorridos e lavados**
- **2 xícaras de gotas de chocolate meio-amargo**
- **2 xícaras de farinha de trigo**
- **½ xícara de aveia em flocos**
- **1 colher de chá de bicarbonato de sódio**
- **¼ de colher de chá de sal**

1 Pré-aqueça o forno a 180 °C. Unte uma assadeira.

2 Em uma tigela grande ou na tigela da batedeira, bata o açúcar e a margarina em velocidade média ou com uma colher de pau. Incorpore as claras e a baunilha, e o grão-de-bico e as gotas de chocolate. Adicione a farinha, a aveia, o bicarbonato e o sal. Bata em velocidade lenta até obter uma massa encorpada.

3 Coloque colheradas da massa sobre a forma, com espaço de 2 cm entre os biscoitos. Pressione delicadamente com um garfo para dar forma os biscoitos. Asse por 11 a 13 minutos, até que aos biscoitos fiquem corados e nivelados. Não asse demais. Deixe esfriar sobre uma grelha.

4 Conserve em embalagem hermética, por até 3 dias.

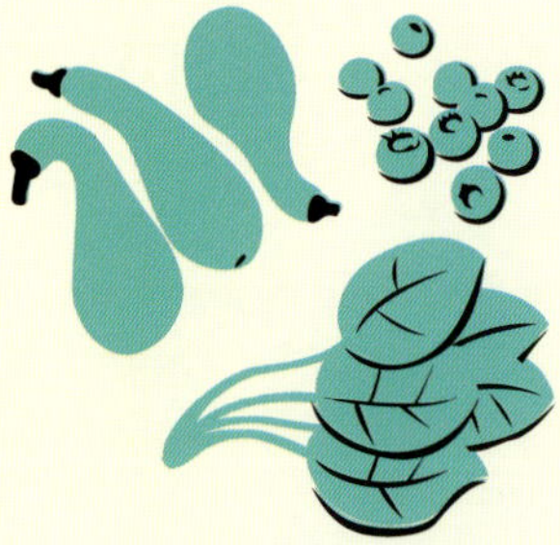

Minicheesecakes de Mirtilo

(COM ABÓBORA, MIRTILO E ESPINAFRE)

As crianças adoram quando descobrem o recheio cremoso desses minibolos de mirtilo.

Tempo de preparo: 10 minutos • Total: 35 minutos • Rende 24 unidades • Pode ser guardado

- **Manteiga ou margarina para untar**

RECHEIO

- **450 g de cream cheese light**
- **1/3 de xícara de açúcar de confeiteiro**
- **1/2 xícara de purê de abóbora**
- **Clara de 1 ovo grande**
- **1 pitada de sal**

MASSA

- **1 xícara de açúcar granulado**
- **1/2 xícara de leite desnatado**
- **1/2 xícara de purê de mirtilo**
- **1/2 xícara de purê de espinafre**
- **1/4 de xícara de óleo de canola**
- **1 xícara de farinha de trigo comum**
- **1 1/2 colher de chá de bicarbonato de sódio**
- **1/4 de colher de chá de sal**

1 Pré-aqueça o forno a 180 °C. Unte uma assadeira própria para 12 mini-muffins ou forre-a com forminhas de papel.

2 Para o recheio, em uma tigela, bata o cream cheese, o açúcar, o purê de abóbora, a clara e o sal até formar o creme. Reserve.

3 Para a massa, coloque o açúcar, o leite, os purês de espinafre e de mirtilo e o óleo em uma tigela e bata até formar um creme. Incorpore a farinha, o bicarbonato e o sal. Se preferir, use a batedeira.

4 Use metade da massa para encher 1/3 da capacidade das forminhas. Coloque uma colher de sopa do recheio, e complete com o restante da massa. Asse por 20 a 25 minutos, até os bolinhos corarem e ficarem resistentes ao toque. Desenforme sobre uma grelha para esfriarem.

5 Conserve os bolinhos em um recipiente hermético por até dois dias, em temperatura ambiente, ou embale-os individualmente e leve ao freezer por até um mês.

Mais Dicas para a Hora das Refeições

1 Uma criança pequena com fome come em uma refeição o equivalente a uma mão fechada. Como nessa fase eles são muito ativos, geralmente a maioria tem dificuldade de ficar quietinha sentada depois de ter matado a fome.

2 Forçar a criança a comer um prato cheio de comida é tortura nessa idade. Por outro lado, eles se sentem estimulados quando comem uma porção pequena todinha, e até acabam pedindo "mais, por favor!". Na minha casa, ofereço porções pequenas, e observo que seus olhinhos brilham quando eles mesmos se servem de mais comida.

3 Suborná-los com sobremesas não é uma boa solução para o mau comportamento. Usando doces como recompensa, eles crescem em importância e acabam estimulando a criança a associá-los com o preenchimento emocional.

4 Modere a quantidade de guloseimas ingeridas. Da mesma forma, evite radicalismos. Lembre-se que o proibido muitas vezes exerce atração maior. Se você oferecer opções nutritivas de sobremesa, como bolachinhas com chocolate ou biscoitos de aveia com passas, com o tempo notará que perderão o interesse pelas outras coisas.

5 Filhos de pais com bons hábitos alimentares e praticam exercícios têm uma melhor formação para garantir o bem-estar geral. A melhor maneira de ensinar hábitos saudáveis é dando um bom exemplo.

Bolinhos de Limão e Framboesa

(COM ABÓBORA E BETERRABA)

Essa receita também pode ser assada numa forma de bolo de 22 cm de diâmetro, por 40 a 45 minutos. Deixe o bolo esfriar por uns 5 minutos antes de desenformá-lo.

Tempo de preparo: 15 minutos • Total: 40 minutos • Rende 12 bolinhos ou um bolo de 22 cm Ø

- **Manteiga ou margarina para untar**

RECHEIO

- **¼ de xícara de framboesas congeladas**
- **2 colheres de sopa de purê de beterraba**
- **2 colheres de sopa de açúcar de confeiteiro**
- **1 colher de sopa de margarina cremosa light sem gordura trans**

MASSA

- **1 xícara de açúcar**
- **½ xícara de leite desnatado**
- **½ xícara de purê de abóbora**
- **⅓ de xícara de óleo vegetal (prefira canola)**
- **2 claras de ovos brancos grandes**
- **2 colheres de sopa de suco de limão siciliano**
- **1 colher de chá de essência de limão**
- **2 xícaras de farinha de trigo comum**
- **2 colheres de chá de fermento em pó**
- **¼ de colher de chá de sal**

COBERTURA (OPCIONAL)

- **1 pcte. de cream cheese light**
- **½ xícara de açúcar de confeiteiro**
- **1 colher de chá de extrato de limão**

1 Pré-aqueça o forno a 180 °C. Unte uma assadeira própria para 12 mini-muffins ou forre-a com forminhas de papel.

2 Para o recheio, descongele e processe as framboesas, o purê de beterraba, o açúcar e a margarina. Reserve.

3 Para a massa, em uma tigela grande, bata o açúcar, o leite, o purê de abóbora, o óleo, as claras e o suco e o extrato de limão até obter um creme. Incorpore bem a farinha, o fermento e o sal.

4 Com metade da massa encha ⅓ da capacidade das forminhas. Coloque uma colherada de recheio, em cada uma, e complete com o restante da massa.

5 Asse por 20 a 25 minutos, até os bolinhos corarem e ficarem resistentes ao toque. Desenforme sobre uma grelha para esfriar.

6 Para a cobertura, bata bem os ingredientes até obter um creme. Espalhe sobre os bolinhos.

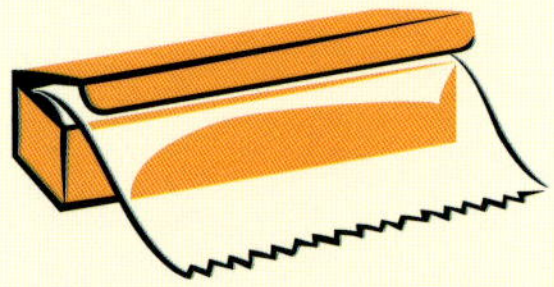

Sanduíches de Sorvete

Meus filhos fazem uma festa cada vez que sirvo esta sobremesa. Eu costumo embrulhar em papel-manteiga para que as crianças se divirtam ao abri-la, além de se manterem melhor no freezer assim. Passe a borda do sorvete no coco para uma apresentação mais caprichada.

Tempo de preparo: 5 minutos • Total: 120 minutos • Rende 8 sanduíches

- **2 xícaras de iogurte natural desnatado**
- **1 xícara de açúcar**
- **½ xícara de leite desnatado**
- **½ xícara de iogurte natural**
- **2 colheres de sopa de suco de limão**
- **Casca ralada de 1 limão**
- **32 bolachas doces (tipo amanteigado)**
- **Coco ralado (opcional)**

1 Em uma tigela grande, bata junto o iogurte, o açúcar, o leite, o iogurte, o suco e a casca de limão. Transfira para um recipiente pequeno, cubra e leve ao freezer por 1 ½ hora, até que a mistura comece a endurecer.

2 Para montar os sanduíches, coloque uma bola do iogurte semicongelado entre duas bolachas e pressione. Embale um a um em papel manteiga e congele por 30 minutos, até que fiquem firmes.

3 Se preferir, coloque o coco ralado em um prato e passe as bordas do sanduíche para recobri-las.

Jerry: *Esse vai ser meu pedido na minha última refeição.*

Muffins de Cenoura

(COM CENOURA E COUVE-FLOR)

Os amigos sempre imploram para que eu prepare essa receita. E quando faço, ninguém quer saber de deixar algum para as crianças!

Tempo de preparo: 10 minutos • Total: 35 minutos • Rende 12 muffins • Pode ser guardado

- **Margarina ou manteiga para untar**
- **½ xícara de açúcar mascavo claro ou escuro, bem compactado**
- **4 colheres de sopa de margarina cremosa sem gordura trans**
- **1 xícara de purê de cenoura**
- **½ xícara de purê de couve-flor**
- **1 ovo grande**
- **2 colheres de sopa de suco de laranja concentrado congelado**
- **1 colher de chá de extrato de baunilha**
- **¼ de xícara de damasco seco picado**
- **¼ de xícara de ameixa seca picada**
- **2 xícaras de farinha de trigo comum**
- **1 colher de chá de fermento em pó**
- **1 colher de chá de bicarbonato de sódio**
- **1 colher de chá de canela em pó**
- **¼ de colher de chá de mix de especiarias**

COBERTURA (OPCIONAL)

- **1 pcte. de cream cheese light**
- **¼ de xícara de açúcar de confeiteiro**
- **2 colheres de chá de suco de laranja concentrado congelado**

1 Pré-aqueça o forno a 180 °C. Unte uma assadeira própria para 12 mini-muffins ou forre-a com forminhas de papel.

2 Em uma tigela grande, bata o açúcar e a margarina com uma colher de pau, até formar um creme. Acrescente os purês, o ovo, o suco de laranja concentrado e a baunilha, misture bem, e junte o damasco e a ameixa. Por último, incorpore os ingredientes secos. Mas não bata demais, a massa deve ficar encorpada.

3 Divida a massa entre as forminhas. Asse por 12 a 15 minutos, até que a superfície esteja levemente corada. Teste espetando um palito no centro, para ver se sai seco. Desenforme sobre uma grelha para esfriar.

4 Para preparar a cobertura, bata bem o cream cheese, o açúcar e o suco de laranja, em uma tigela média, até obter um creme. Espalhe sobre os muffins frios.

5 Conserve os bolinhos em um recipiente hermético por até dois dias, em temperatura ambiente, ou embale-os individualmente e leve ao freezer por até um mês.

Bolo Amarelo

(COM MORANGA)

É um bolo de caixinha, mas facilita a nossa vida. Sirva como está ou cubra com qualquer uma das receitas de cobertura de cream cheese deste livro.

Tempo de preparo: 5 minutos • Total: 30 minutos • Rende um bolo de 22 cm • Pode ser guardado

- **Manteiga ou margarina para untar**
- **1 caixa de mistura para bolo (amarelo)**
- **1 xícara de purê de moranga**
- **¼ de xícara de água**
- **2 colheres de sopa de óleo vegetal**
- **2 ovos grandes**
- **Gema de 1 ovo grande**
- **1 copo de iogurte desnatado sabor limão, banana ou baunilha**

1 Pré-aqueça o forno a 180 °C. Unte e enfarinhe uma assadeira de 22 cm de diâmetro.

2 Em uma tigela grande, bata a mistura para bolo, o purê de moranga, a água, o óleo e o iogurte, até obter um creme, por 1 a 2 minutos. Se preferir, use uma batedeira.

3 Despeje a massa na forma e asse por cerca de 20 minutos. Teste espetando um palito para assegurar que está assado no centro.

Variação

BOLO DE CHOCOLATE ESPECIAL:
Bata uma caixa de mistura para bolo sabor chocolate com 1 xícara de purê de moranga, ¼ de xícara de água, 2 colheres de sopa de óleo vegetal, 2 ovos grandes mais uma gema e ¾ de xícara de iogurte desnatado (de preferência natural). Asse como indicado acima.

Julian: *Quero um desse no meu aniversário!*

O Importante é a Comemoração, não o Açúcar

MINHA ATITUDE com relação a aniversários, admito, é bem diferente da compartilhada por milhões de pessoas, mas tenho convicção de que o açúcar é enfatizado demais. Eu observo quando meus filhos atingem um pico no consumo de açúcar e chegam abatidos em casa. Não tenho nada contra o bolo de aniversário, mas estou cansada de ver docinhos, bolachinhas e minibolos sendo oferecidos além do bolo. Se considerássemos os efeitos disso no organismo das crianças, talvez a atitude fosse outra. A Dra. Roxana Mehran e o Dr. Mehmet Oz (que escreveram o prefácio deste livro) me explicaram o que de fato acontece quando uma criança ingere toda essa quantidade de açúcar, e é bem assustador. Confira algumas sugestões para preparar bolos de aniversário deliciosos e nutritivos, enriquecidos com vegetais:

1 Bolo de chocolate (página 194)

2 Bolinhos de chocolate (página 172)

3 Bolo amarelo (página 186)

E por que também não substituir os docinhos por lembrancinhas (tatuagens, anéis, bolinhas de borracha), vendidos em pacotes nas lojas especializadas em festas? Além de tudo, elas ainda custam menos que os docinhos!

Chocolate Quente

(COM BATATA-DOCE)

O sabor muito apreciado da calda de chocolate mascara o sabor da batata-doce. Mas é o purê que deixa o chocolate quente encorpado e cremoso, mesmo preparado com leite desnatado.

Tempo de preparo: 5 minutos • Total: 6 minutos • 2 porções

- **1 ¼ xícara de leite desnatado**
- **½ xícara de purê de batata-doce**
- **2 colheres de sopa de calda de chocolate**
- **1 pitada de sal**
- **1 pitada de canela (opcional)**
- **Marshmallows para acompanhar**

Bata bem no liquidificador o leite, o purê de batata-doce, a calda de chocolate, o sal e a canela. Transfira para uma panela e leve ao fogo para aquecer. Sirva em xícaras com os marshmallows.

Ponche de Frutas

(COM FRAMBOESAS, ABACAXI E CENOURA)

É gostoso demais para ser tão saudável, mas é!

Tempo de preparo: 5 minutos • Total: 6 minutos • Porções 4

- **2 xícaras de purê de framboesa**
- **1 xícara de purê de abacaxi**
- **½ xícara de purê de cenoura**
- **2 xícaras de água fria**
- **¼ de xícara de açúcar**
- **Gelo para servir**

Bata no liquidificador os purês de framboesa, de abacaxi e de cenoura, a água e o açúcar. Sirva com gelo.

Quadradinhos de Arroz

(COM ARROZ INTEGRAL)

O arroz integral e a semente de linhaça tornam esta receita muito mais saudável.

Total: 10 minutos • Rende 8 quadrados • Pode ser guardado

- **Manteiga ou margarina para untar**
- **1 colher de sopa de margarina light cremosa sem gordura trans**
- **1 pcte. (280 g) de marshmallows**
- **6 xícaras de cereal de arroz integral (tipo crisps)**
- **¼ de xícara de linhaça moída**

1 Unte uma assadeira retangular ou quadrada.

2 Derreta a margarina numa panela grande, em fogo baixo. Junte os marshmallows e mexa até que derretam por completo. Retire do fogo.

3 Incorpore o cereal de arroz integral e a linhaça, misturando bem. Pressione bem a mistura contra a assadeira. Depois de frio, corte em quadrados.

Sascha: *Eu vendo isso na festa da escola.*

Minipão-de-ló

(COM ABÓBORA MADURA E CENOURA)

Eles ficam leves e fofinhos. Em geral, não coloco cobertura, pois a massa já é divina, mas polvilhar com açúcar de confeiteiro dá um bonito acabamento.

Tempo de preparo: 15 minutos • Total: 35 minutos • Rende 12 bolinhos • Pode ser guardado

- **5 claras (de ovos grandes)**
- **¾ de xícara de creme de tártaro**
- **¼ de colher de chá de sal**
- **½ xícara de farinha de trigo comum**
- **½ xícara de açúcar**
- **¼ de xícara de purê de abóbora**
- **1 colher de chá de essência de limão**
- **1 colher de chá de raspas de limão ou de laranja**

COBERTURA (OPCIONAL)

- **1 pcte. de cream cheese light**
- **½ xícara de purê de cenoura**
- **2 colheres de chá de suco de laranja concentrado congelado**
- **1 pitada de sal**

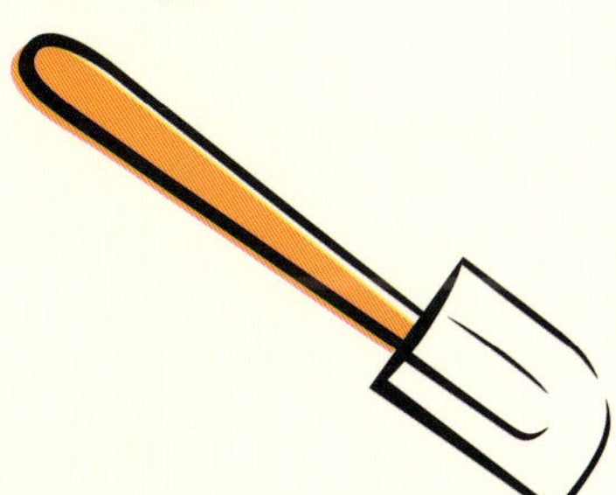

1 Pré-aqueça o forno a 180 °C. Unte uma assadeira própria para 12 mini-muffins ou forre-a com forminhas de papel.

2 Bata com o mixer ou na batedeira as claras, o creme de tártaro e o sal, até as claras dobrarem de volume e formarem picos, por 4 a 5 minutos. Acrescente a farinha, o açúcar, o purê de abóbora, a essência de limão e as raspas. Misture delicadamente com uma espátula de silicone até tudo incorporar.

3 Divida a massa entre as forminhas e asse até corar levemente e ficar resistente ao toque, por 18 a 20 minutos. Desenforme sobre uma grelha para esfriar.

4 Para a cobertura, coloque os ingredientes em uma tigela e bata até obter um creme. Espalhe sobre os bolinhos frios.

5 Conserve os bolinhos em um recipiente hermético por até dois dias, em temperatura ambiente, ou embale-os individualmente e leve ao freezer por até um mês.

Bolo de Chocolate

(COM BETERRABA)

Um delicioso bolo de chocolate tradicional, que por acaso foi enriquecido com beterraba. Uma alternativa excelente para um bolo de aniversário!

Tempo de preparo: 15 minutos • Total: 55 minutos • Rende 1 bolo de 22 cm

MASSA

- **Manteiga ou margarina para untar**
- **1 xícara de açúcar mascavo claro ou escuro, bem compactado**
- **¼ de xícara de óleo vegetal ou margarina cremosa light**
- **1 ovo grande**
- **2 claras de ovos grandes**
- **100 g de chocolate meio amargo, derretido em temperatura ambiente**
- **½ xícara de purê de beterraba**
- **¼ de xícara de leite desnatado**
- **¼ de xícara de iogurte natural**
- **1 colher de chá de extrato de baunilha**
- **2 xícaras de farinha de trigo comum**
- **1 colher de chá de bicarbonato de sódio**
- **¼ de colher de chá de sal**

GLACÊ DE CREAM CHEESE

- **1 pcte (225 g) de cream cheese light**
- **¾ de xícara de açúcar de confeiteiro**
- **½ xícara de chocolate em pó (sem açúcar)**
- **1 colher de chá de extrato de baunilha**

1 Pré-aqueça o forno a 180 °C. Unte uma assadeira de 22 centímetros de diâmetro.

2 Em uma tigela comum ou de batedeira, bata o açúcar mascavo com o óleo ou margarina até obter um creme. Incorpore os ovos e as claras, um a um, batendo bem a cada adição. Acrescente o chocolate derretido, o purê de beterraba, o leite, o iogurte e a baunilha.

3 Junte a farinha de trigo, o bicarbonato e o sal, e bata bem.

4 Leve para assar por 35 a 40 minutos, até que ao enfiar um palito no centro do bolo ele saia seco. Deixe o bolo esfriar na forma por uns 5 minutos antes de desenformá-lo, para acabar de esfriar.

5 Enquanto isso, prepare a cobertura. Bata o cream cheese com o açúcar, o chocolate e a baunilha até obter um creme. Corte o bolo ao meio, horizontalmente. Espalhe o glacê como recheio e como cobertura, no bolo frio.

6 Conserve em geladeira, em embalagem hermética, por até 4 dias.

Cookies de Aveia e Passas

(COM BANANA E ABOBRINHA)

Os favoritos de Jerry. Não use batedeira ou mixer elétrico – ou os cookies ficarão duros.

Tempo de preparo: 20 minutos • Total: 35 minutos • Rende 24 cookies

- **Manteiga ou margarina para untar**
- **1 xícara de farinha de trigo integral**
- **1 xícara de aveia em flocos**
- **1 colher de chá de bicarbonato de sódio**
- **½ colher de chá de sal**
- **¼ de colher de chá de canela**
- **¾ de xícara de açúcar mascavo claro ou escuro, bem compactado**
- **6 colheres de sopa de margarina cremosa sem gordura trans, gelada**
- **½ xícara de purê de banana**
- **½ xícara de purê de abobrinha**
- **1 clara de ovo grande**
- **½ xícara de uvas passas**
- **½ xícara de nozes picadas (opcional)**

1 Pré-aqueça o forno a 180 °C. Unte duas assadeiras ou forre-as com papel vegetal

2 Em uma tigela ou saco plástico para alimentos, misture a farinha, a aveia, o bicarbonato, o sal e a canela e mexa ou agite.

3 Em uma tigela grande, bata o açúcar, a margarina com uma colher de pau, até ficar homogêneo, não bata demais. Incorpore os purês de banana e de abobrinha e as claras. Junte a mistura de ingredientes secos, as passas e as nozes (se for usá-las).

4 Coloque colheradas de massa na forma, distantes 2 centímetros umas das outras. Asse por 12 a 15 minutos, até corar. Deixe-os esfriar por 4 a 5 minutos até firmarem, antes de transferi-los para uma grelha para acabar de esfriar.

Jerry: *Uma vez, a Jessica pensou ter ouvido um bicho dentro de casa, no meio da noite. Era eu, comendo esses cookies.*

Muffins de Chocolate Chips

(COM AMEIXA SECA E TÂMARAS)

Isso é uma delícia no lanche da tarde.

Tempo de preparo: 10 minutos • Total: 35 minutos • Rende 12 muffins • Pode ser guardado

- **Manteiga ou margarina para untar**
- **¼ de xícara de purê de ameixa ou de tâmaras**
- **½ xícara de açúcar mascavo claro ou escuro, bem compactado**
- **4 colheres de margarina cremosa sem gordura trans**
- **½ xícara de leite desnatado**
- **¼ de xícara de iogurte natural**
- **¾ de xícara de chocolate chips meio amargo**
- **1 clara de ovo grande**
- **2 colheres de chá de essência de baunilha**
- **2 xícaras de farinha de trigo integral ou comum**
- **1 colher de chá de fermento em pó**
- **1 colher de chá de bicarbonato de sódio**
- **½ colher de chá de sal**
- **¼ de xícara de gérmen de trigo torrado**

1 Pré-aqueça o forno a 180 °C. Unte uma assadeira própria para 12 mini-muffins ou forre-a com forminhas de papel

2 Processe as ameixas e as tâmaras com ¼ de xícara de água quente, até obter um creme.

3 Em uma tigela grande, bata o açúcar mascavo e a margarina com uma colher de pau, até ganhar consistência. Incorpore o leite, o iogurte, o chocolate chips, o purê de ameixa ou de tâmara, a clara e a baunilha.

4 Junte a farinha, o fermento, o bicarbonato e o sal. Não bata em excesso. A massa deve ficar encorpada.

5 Divida a massa entre as forminhas de muffin. Polvilhe com o gérmen de trigo. Asse até corarem, por 20 a 25 minutos. Teste espetando um palito, para ver se sairá seco. Desenforme sobre uma grelha para esfriar.

6 Conserve-os em um recipiente hermético por até dois dias, em temperatura ambiente, ou embale-os individualmente e leve ao freezer por até um mês.

Economize Tempo

IMPROVISAR não é só bom, é necessário!

1 **Quando estou com pressa, apelo para os legumes e frutas em conserva ou congelados. Consulte sempre o rótulo para garantir que não haja açúcar nem aditivos.**

2 **Os legumes e verduras vendidos picadinhos e higienizados rendem purês ótimos (eu prefiro usá-los crus, para um resultado mais crocante). Não demore a consumi-los. A validade das hortaliças cortadas é bem menor que as unidades vendidas inteiras.**

3 **Os purês podem incrementar comidas pré-preparadas como o macarrão com queijo e os bolos de caixinha. Eu recomendo adicionar o purê aos poucos, experimentando para determinar o sabor ideal que agrade toda a sua família.**

Torta de Banana Cremosa

(COM MELÃO-CANTALUPO E ABÓBORA PAULISTA)

Essa sobremesa faz sucesso entre crianças e adultos. Eu adoro servi-la gelada feito sorvete.

Tempo de preparo: 20 minutos • Total: 1h15 (3 horas para resfriar) • Rende 8

- **2 caixinhas de pó para pudim (sabor banana ou baunilha)**
- **1½ xícara de purê de melão-cantalupo**
- **½ xícara de purê de abóbora paulista**
- **¼ de xícara de água**
- **1 banana grande, em rodelas finas (cerca de ½ xícara), mais uma banana**
- **1 pcte. de bolacha doce**
- **½ xícara de framboesas frescas**
- **8 galhinhos de hortelã frescos (opcional)**

1 Em uma tigela grande, misture o pó para pudim, os purês de melão e de abóbora e a água, com uma colher de pau, até ficar uniforme.

2 Espalhe as rodelas de banana sobre a massa de uma torta. Coloque a mistura do preparado para pudim sobre as bananas, e alise a superfície. Cubra e refrigere até ficar firme, por 3 horas, ou coloque no freezer por 1h30.

3 Se desejar, minutos antes de servir guarneça com framboesa, rodelas de banana e folhinhas de menta.

Joy: *Graças à framboesa ou ao melão, aqui disfarçados nessa deliciosa sobremesa, uma única porção fornece boa quantidade de vitamina C, betacaroteno e fibras.*

O "ABC" DA BOA ALIMENTAÇÃO

Vitaminas

As vitaminas são substâncias químicas necessárias em pequenas quantidades ao organismo para se desenvolver e funcionar adequadamente. Nós ingerimos vitaminas comendo carnes e hortaliças. Caso a quantidade ingerida seja insuficiente, ou se comermos demais, podemos ficar doentes.

A VITAMINA A é importante para a saúde ocular e para a visão noturna. Ela ajuda a desenvolver ossos e dentes sadios e uma pele saudável. A forma mais indicada para obtê-la é através do betacaroteno – um nutriente encontrado em vegetais de um verde ou um alaranjado intensos, que o organismo converte em vitamina A conforme necessário. As melhores fontes de betacaroteno são:

- Vegetais alaranjados como a cenoura, a batata-doce, a abóbora, a moranga e o damasco.
- Verduras de coloração verde-escura

Valores diários recomendados:

- de 1 a 3 anos de idade: 300 mcg/1000 UI
- de 4 a 8 anos de idade: 400 mcg/1333 UI
- de 9 a 13 anos de idade: 600 mcg/2000 UI

A VITAMINA B6 tem papel importante na produção de hormônios, enzimas e hemoglobina (glóbulos vermelhos) no sangue. E ainda ajuda a produzir anticorpos e a insulina, e contribui para a atividade cerebral normal. Boas fontes dela são:

- Cereais matinais fortificados
- Legumes
- Verduras
- Bananas
- Ovos
- Carne (de boi, de porco e de frango)

Valores diários recomendados:

- de 18 meses a 3 anos de idade: 0,5 mg
- de 4 a 8 anos de idade: 0,6 mg
- de 9 a 13 anos de idade: 1 mg

A VITAMINA B 12 ajuda na produção de hemoglobina (glóbulos vermelhos) e na manutenção de células nervosas saudáveis. Também é necessária na formação do DNA, o conteúdo genético celular. São ricos em B12:

- Peixe
- Mexilhão
- Carnes
- Laticínios

Valores diários recomendados:

- de 18 meses a 3 anos de idade: 0,9 mcg
- de 4 a 8 anos de idade: 1,2 mcg
- de 9 a 13 anos de idade: 1,8 mcg

ÁCIDO FÓLICO: necessário para o crescimento e a manutenção das células em geral. Contribui para a produção de glóbulos vermelhos e de DNA. O ácido fólico está presente em:

- Verduras de coloração verde-escuro
- Abacate
- Beterraba
- Brócolis
- Suco de laranja
- Morango

Valores diários recomendados:

- de 1 a 3 anos de idade: 150 mcg
- de 4 a 8 anos de idade: 200 mcg
- de 9 a 13 anos de idade: 300 mcg

VITAMINA C: estimula a resistência a infecções na criança, garantindo as funções das células imunológicas. Contribui para a produção de colágeno, para a manutenção dos tecidos do organismo e para a cicatrização de cortes e ferimentos. Boas fontes de vitamina C são:

- Pimentões verde, amarelo e vermelho
- Morango
- Laranja e toranja
- Brócolis
- Couve-de-bruxelas

Valores diários recomendados:

- de 1 a 3 anos de idade: 15 mg
- de 4 a 8 anos de idade: 25 mg
- de 9 a 13 anos de idade: 45 mg

VITAMINA D: auxilia a absorção de cálcio e garante dentes e ossos fortes. Boas fontes são:

- Leite
- Salmão selvagem (fresco ou enlatado), sardinhas e demais peixes gordurosos
- Gema de ovo
- Alimentos fortificados com vitamina C

Valores diários recomendados:

- Crianças e adolescentes: 5 mcg

VITAMINA E: um importante antioxidante, ou seja, protege as células saudáveis de possíveis danos. Também é importante para os glóbulos vermelhos. Pode ser encontrada em:

- Óleos vegetais
- Abacate
- Nozes e castanhas
- Sementes
- Gérmen de trigo
- Alimentos fortificados com vitamina E

Valores diários recomendados:

- de 18 meses a 3 anos de idade: 6 mg
- de 4 a 8 anos de idade: 7 mg
- de 9 a 13 anos de idade: 11 mg

VITAMINA K: mais conhecida por estimular a coagulação sangüínea, depois de um ferimento. Boas fontes de vitamina K são:

- Folhas de nabo
- Brócolis
- Couve
- Espinafre
- Repolho
- Aspargos
- Alface de coloração verde-escura

Valores diários recomendados:

- de 18 meses a 3 anos de idade: 30 mcg
- de 4 a 8 anos de idade: 55 mcg
- de 9 a 13 anos de idade: 60 mcg

Minerais

Os dois minerais mais importantes para as crianças são o ferro e o cálcio. O potássio é outro que merece atenção.

FERRO: vital para o transporte de oxigênio. Se seu filho gosta de carne (bovina, porco, aves, mexilhões e ovos), você está feita. O ferro de origem animal, chamado ferro heme, é mais bem absolvido que o de origem vegetal, o chamado ferro não-heme. Já se ele/ela não come carne, terá que obter ferro suficiente de feijões, nozes e castanhas, sementes, cereais fortificados e até mesmo uva-passa e espinafre.

Para aumentar a absorção de ferro, acrescente vitamina C às refeições (i.g. (pimentão, tomate fresco ou molho, batata, morango, brócolis e frutas cítricas).

Valores diários recomendados:

- de 1 a 3 anos de idade: 7 mg
- de 4 a 8 anos de idade: 10 mg
- de 9 a 13 anos de idade: 8 mg

CÁLCIO: vital para a saúde dos ossos, também garante o bom aproveitamento da musculatura e regula a pressão arterial.

Valores diários recomendados:

- de 1 a 3 anos de idade: 500 mg
- de 4 a 8 anos de idade: 800 mg
- de 9 a 13 anos de idade: 1300 mg

POTÁSSIO: regula a pressão arterial e estimula a saúde cardíaca em geral.

MAGNÉSIO: ajuda a regular a glicemia, o nível de açúcar do sangue, e é importante para o bom funcionamento do coração.

Antioxidantes

Os antioxidantes incluem uma *grande* variedade de substâncias químicas, como as vitaminas C e E, o mineral selênio e os carotenóides (o mais famoso deles, o betacaroteno, encontrado na abóbora-menina e na cenoura, e que o organismo converte em vitamina A). Sua importância se deve a diversas razões: eles ajudam a prevenir que substâncias nocivas, os chamados "radicais livres", danifiquem as células sadias do organismo. Por isso, sua importância na prevenção de doenças como câncer e cardiopatias.

ÍNDICE

Agradecimentos

Do fundo do meu coração, divido os créditos deste livro com os que contribuíram para torná-lo melhor do que eu jamais teria feito sozinha – Stephanie Lyness, Chef Jennifer Iserloh, Lia Ronnen, Joy Bauer, Dr. Mehmet Oz e Roxana Mehran. Suas contribuições para o livro foram incalculáveis e inestimáveis. Mais especificamente, a Stephanie Lyness e sua habilidade para articular, organizar e fortalecer o meu trabalho, tornando-se minha fiel escudeira de todas as horas. A maravilhosa Chef Jen trabalhou pacientemente comigo para criar e testar (inúmeras vezes) nossas receitas, no intuito de adaptá-las ao gosto familiar, sob a aprovação de Joy Bauer, e todas deliciosas. Como gerente do projeto, Lia Ronnen compartilhou cada detalhe do livro comigo, sempre com um belo sorriso. Ela e Charlie Melcher, diretor de arte Paul Kepple da Headcase Design, a fotógrafa Lisa Hubbard e o ilustrador Steve Vance foram todos brilhantes ao me ajudarem a criar o design, a atmosfera e a bela produção deste livro.

Mais importante, a evolução deste livro começa com Elisabeth Wiatt e Jennifer Rudolph Walsh por terem acreditado imediatamente nesta idéia. Jane Friedman, Joe Tessitore, Kathryn Huck e a equipe da Editora HarperCollins, que acolheram muito bem este livro.

É impossível imaginar a realização deste livro sem minha família e meus amigos.

Minha fantástica equipe da Baby Buggy, liderada por Claudia Fleming, que por um período ajudou a me afastar e a me concentrar nas receitas e a escrever.

Elizabeth Clark Zoia, Tom Keaney, Steven Rubenstein, Ricky Strauss, Rich Ross, Hal Petri, Martha Lebron, Sofija Sefa, Rosie Aquino, Ricardo Souza, Kate Fenneman, Dr. Pat Schimm, Dr. Jean Mandelbaum e Dra. Bárbara Landreth têm o meu carinho eterno por seu apoio incansável.

Agradecimento ainda para Eric Zohn, Lee Eastman, Cara Stein e Rachel Nagler.

Ellen Rakieten, Tina Sharkey, Alexandra Wentworth, Ally Lieberman, Rain Kramer, Sarah Easley, Courtney Denaro, Stefani Greenfield, SJP e Carolyn Liebling têm o meu eterno obrigado por seu amor e amizade infinitos.

Como sempre, quero exprimir o meu amor e o meu carinho, tão profundos que não cabem em palavras, por minha sogra Eleanor Furman, meus pais, Ellen e Karl Sklar, minhas irmãs Rebecca Shalam e Elzy Wick. Para o meu esposo, meu amor. E para Sascha, Julian e Shepherd, espero que este livro seja prova do quanto eu amo cada milímetro de vocês, por dentro e por fora.

Por fim, e com pesar, não posso deixar de reconhecer a previsão de Chris Rock, que anos atrás me disse: "Bem, agora que você se casou com uma celebridade, o livro de receitas é pura questão de tempo".

– Jessica Seinfeld, 2007